Jutta Grimm

Brotaufstriche selbst gemacht

Jutta Grimm

Brotaufstriche
selbst gemacht

Süßes und Pikantes aus der Vollwertküche

Hanjörg Bahmann und der Versuchsküche der Firma Weiling in Coesfeld herzlichen Dank für die freundliche Unterstützung!

Inhalt

Der Mensch lebt nicht vom Brot ...

... allein, sondern auch von dem, was drauf kommt. Und da sieht es oft noch trostlos aus. Wurst, Käse, Marmelade – beim Brotbelag herrscht vielerorts erschreckende Fantasielosigkeit. Meistens ist das, was wir uns da »aufs Brot schmieren« überwiegend tierischer Herkunft und zu fett oder, wenn es um Marmeladen geht, verkocht und viel zu süß. Gesund ist es jedenfalls selten.

Auf Wurst verzichten mittlerweile immer mehr Menschen ganz oder weitgehend. Nicht nur aus ethischen oder diätetischen Gründen, sondern auch, weil der »Rohstoff« Fleisch als Ausgangsmaterial für die Wurst ins Gerede gekommen ist. Rinderwahnsinn, Schweinepest, Salmonellen beim Geflügel – all das wirkt nicht gerade appetitanregend.

Dieses Buch will zeigen, dass es vielfältige Alternativen zum gewohnten Käse- oder Wurstbrot gibt, Alternativen, die gesünder und billiger sind und oft auch besser schmecken. Und die sich vor allem leicht selbst herstellen lassen.

Für das Selbermachen von Brotaufstrichen gibt es viele Gründe: den Preis, das Verwerten von Überschüssen aus Küche und Garten, das Einhalten einer bestimmten Diät bei Nahrungsmittelunverträglichkeit und Allergien oder – und das vor allen Dingen – den Spaß bei der Zubereitung.

Auch wenn es manchen zunächst mühsam erscheinen mag: Zutaten rühren, raspeln, hobeln und mischen ist kreatives Arbeiten. Mit Gewürzen und Zutaten zu experimentieren macht Spaß. Und wenn dann der Aufstrich als »Vorrat« im Kühlschrank oder in der Vorratskammer steht, ist man doch schon etwas stolz auf sich und das eigene Können.

Bei den selbst bereiteten Pasten, Marmeladen und Aufstrichen weiß man genau, was alles drin ist und was nicht: keine

Geschmacksverstärker und Füllmittel, keine chemischen Konservierungs- oder Farbstoffe. Eben nur das, was wir selbst verwendet haben.

Fertige Pasten ohne Zusatzstoffe gibt es auch im Reformhaus oder Naturkostladen, bei selbst gemachten können wir aber zusätzlich unseren geschmacklichen Vorlieben oder Abneigungen Rechnung tragen: Der Knoblauchfan nimmt eine Zehe mehr, der Knoblauchmuffel lässt den Knoblauch ganz weg. Die Naschkatze nimmt ausnahmsweise mal etwas mehr Honig zum Süßen. Bei selbst gemachten Aufstrichen ist das alles kein Problem.

Viel Spaß beim Ausprobieren der hier aufgeführten Rezepte. Und beim Erfinden von neuen, ganz persönlichen Mischungen!

Geräte

Um einen Brotaufstrich herzustellen, braucht man natürlich keine komplett ausgestattete Profiküche. Es gibt jedoch das eine oder andere Küchengerät, das uns die Arbeit erleichtern kann. Wenn es in der eigenen Küche fehlt, ist das allerdings noch kein Grund zum Verzweifeln. Dann ist eben etwas mehr Improvisation gefragt!

- **Dampfdrucktopf:** leistet gute Dienste vor allem bei Zutaten mit längeren Garzeiten wie Hülsenfrüchten und Getreide. Er ermöglicht ein schnelleres und vitaminschonenderes Kochen.

- **Fleischwolf:** zerkleinert auch festere Zutaten zu einer breiartigen Masse, die sich gut zu einem Aufstrich weiterverarbeiten lässt.

- **Getreidemühle:** ein Gerät, das eigentlich in keiner Vollwertküche fehlen sollte. Mahlt Getreide und meist auch Ölsaaten. Der Feinheitsgrad des Mahlproduktes ist einstellbar.

- **Knoblauchpresse:** eigentlich auch unentbehrlich für jeden Haushalt. Zerkleinert Knoblauchzehen schnell und ohne viel Mühe. Beim Kauf ist darauf zu achten, dass auf der Pressfläche kleine Zähnchen sind, die ein Verstopfen der Löcher verhindern.

- **Mixer:** macht aus den Zutaten eine wunderbar homogene, glatte Masse. Für die Aufstrichbereitung schier ein Wunderding!

- **Mörser:** dient zum Zerstoßen von Gewürzen und Ähnlichem. Auch Nüsse und Ölsaaten lassen sich gut darin zerkleinern. Achtung: Frisch im Mörser zerkleinerte Gewürze haben ein sehr viel intensiveres Aroma als gemahlen gekaufte. Beim Würzen beachten!

- **Mulltücher:** ziemlich praktisch bei der Bereitung von Quark, Frischkäse, Sojamilch und Tofu und auch bei der Gewinnung von kleineren Mengen Saft aus Beeren. Das Mulltuch fungiert dabei als sehr feines Sieb, das die gröberen Bestandteile zurückhält und die Flüssigkeit durchlässt. Durch Wringen oder Pressen wird die Ausbeute größer. Mulltücher lassen sich auskochen, sind also auch sehr hygienisch.

- **Nussmühle:** praktisch, wenn gemahlene Nüsse häufig verwendet werden. Nüsse sind sehr ölhaltig, werden deshalb im gemahlenen Zustand auch leicht ranzig. Frisch gemahlen schmecken sie auf jeden Fall besser! Einige Nussmühlen eignen sich übrigens auch gut zum Käsereiben.

- **Pfeffermühle:** Frisch gemahlener schwarzer Pfeffer ist ein Genuss. Wer ihn einmal probiert hat, verzichtet zeitlebens auf Rieselpfeffer aus dem Streuer. Pfeffermühlen sollten gut in der Hand liegen.

- **Pürierstab:** stellt ähnlich wie der Mixer aus den Zutaten eine glatte Masse her. Beim Mixer werden die Zutaten in das Mixgefäß eingefüllt; beim Pürierstab wird der Stab in die Schüssel oder den Topf hineingehalten. Beides hat Vor- und Nachteile. Der Pürierstab eignet sich vor allem für kleinere Mengen.

- **Rohkostreibe:** mit ihr raspelt man Obst und Gemüse. Optimal ist eine Raspel mit verschiedenen Feinheitsstufen.

- **Thermometer:** Ein Küchenthermometer ist bei der Herstellung von Joghurt, Quark oder Käse – egal ob auf Milch- oder Sojabasis – unentbehrlich.

- **Twist-Off-Gläser:** Diese Gläser sind unerhört praktisch zum Aufbewahren von Aufstrichen und Marmeladen. Wenn diese heiß eingefüllt und verschlossen werden, bildet sich in den Gläsern eine Art Vakuum, das die Haltbarkeit des Aufstrichs erhöht. Sie sind leicht zu reinigen, gut stapelbar und – last not least – preiswert. Man verwendet einfach die leeren Gläser von gekauften Marmeladen oder Ähnlichem.

Haltbarkeit

Die Haltbarkeit von selbst gemachten Aufstrichen hängt sehr stark davon ab, wie sauber bei der Herstellung gearbeitet wurde. Deshalb ist es auch schwierig, genaue Angaben dazu zu machen.

Eine Ausnahme bilden die **Marmeladen** und **Gelees.** Hier wird mit einem »Konservierungsmittel« in Form von Honig, Ahornsirup oder Birnendicksaft gearbeitet. Der darin enthaltene Zucker hemmt das Bakterienleben so weit, dass sich eine Lagerfähigkeit von einem halben bis zu einem ganzen Jahr ergibt.

Bei **allen anderen Aufstrichen** sollte aber möglichst wenig Süßungsmittel oder Salz verwendet werden. Dadurch erhalten wir bekömmlichere Aufstriche, aber sie halten sich eben auch nicht lange. Doch einige Tage sind sie im Kühlschrank allemal haltbar.

Der Grund für den Verderb von Nahrungsmitteln sind Mikroorganismen wie Schimmel und Fäulnisbakterien, die das Lebensmittel in für den Menschen giftige Stoffe zersetzen. Diese Mikroorganismen werden allerdings erst so richtig aktiv, wenn in ihrer Umgebung drei Bedingungen erfüllt sind: genügend Wasser, genügend Sauerstoff und eine angemessene Temperatur.

Beim Bereiten der Aufstriche muss also darauf geachtet werden, dass möglichst wenig Mikroorganismen dazukommen und den bereits vorhandenen Mikroorganismen die Lebensgrundlage entzogen wird.

Praktisch bedeutet das:

- Nur einwandfreies Obst und Gemüse verwenden.
- Alle angegammelten Teile großzügig abschneiden.
- Obst und Gemüse gründlich waschen und verlesen.

- Auch die Messer, Schüsseln und Geräte müssen peinlich sauber sein. Die Gläser vor dem Füllen heiß ausspülen oder im Backofen erhitzen.
- So hygienisch wie möglich arbeiten.
- Fallen größere Mengen Obst und Gemüse an, lieber einen Teil davon einfrieren und bei Bedarf daraus einen Aufstrich bereiten. Auch Aufstriche lassen sich einfrieren und auf diese Weise lange haltbar machen.
  Bei gekochten Aufstrichen wird ein Teil der Mikroorganismen durch die Hitze abgetötet. Den Aufstrich noch heiß in ein Glas füllen und sofort verschließen. So bildet sich eine Art Vakuum, den überlebenden Mikroorganismen fehlt Sauerstoff. Dadurch wird die Haltbarkeit beträchtlich erhöht.
- Wichtig ist, die Gläser immer mit Inhalt und Herstelldatum zu beschriften. So weiß man eher, was »weg muss«.

Der richtige **Aufbewahrungsort** für selbst gemachte Aufstriche – vor allem solche aus rohen Zutaten, ungekochte oder angebrochene – ist der Kühlschrank. Die Gläser immer auf Schimmel kontrollieren.

Aber keine Angst: Im Normalfall werden die Aufstriche gar nicht so alt. Gegen den gesunden Hunger eines Vollwertköstlers hat ein Bakterium meist gar keine Chance.

Gesunde Zutaten

Unsere Nahrung hat einen nicht unbeträchtlichen Einfluss auf unser Wohlbefinden. Deshalb sollten wir nicht nur darauf achten, welche Lebensmittel wir zu uns nehmen, sondern auch auf ihre Herkunft und Bearbeitung.

- Bei tierischen Produkten wie **Milch** und **Eiern** sollte man auf eine möglichst artgerechte Tierhaltung Wert legen. Eier aus Legebatterien haben in einer vollwertig-vegetarischen Ernährung nichts zu suchen.

- **Obst** und **Gemüse** sollten so frisch wie möglich verarbeitet werden. Mit der Gemüsebürste gründlich säubern, schadhafte Stellen herausschneiden, entsprechend zerkleinern und dann sofort weiterverarbeiten. Durch langes Waschen und Stehen an der Luft gehen viele Mineralstoffe und Vitamine verloren.

- Die Nahrungsmittel sollten **so naturbelassen wie möglich** sein. Das heißt statt weißen Auszugsmehlprodukten Vollkornprodukte, statt raffiniertem Zucker alternative Süßungsmittel wie Honig und Ahornsirup, statt lösungsmittelextrahierten, raffinierten Ölen native (kalt gepresste) Öle nehmen. Auf Konservierungsstoffe weitgehend verzichten. Trockenfrüchte müssen nicht geschwefelt sein!

- So weit wie möglich sollten die Zutaten **aus kontrolliert biologischem Anbau** stammen. Damit tun wir nicht nur uns selbst etwas Gutes, wir unterstützen auch den Umweltschutz. Wir können diese Lebensmittel entweder im Naturkostladen und Reformhaus oder direkt beim Erzeuger (Biobauer oder Biogärtner) kaufen. Wer ein eigenes Gärtchen zur Verfügung hat, wird sowieso auf Pestizide und synthetische Düngemittel verzichten. Und ein kleines Kräutergärtchen auf der Fensterbank ist fast allen möglich.

- Ungespritzte und unbehandelte Nahrungsmittel haben einen viel besseren und intensiveren **Geschmack** als die mit den Hilfsmitteln der Agrarindustrie hochgepäppelten. Und gesünder sind sie allemal – zwei Argumente, die eigentlich überzeugen sollten.

Warenkunde

- **Agar-Agar:** ein Geliermittel, das aus gekochten Meeresalgen hergestellt wird und sehr gute Geliereigenschaften hat. Man erhält es als Pulver, Flocken oder in Stangenform im Handel. Es ist geschmacksneutral und ideal zum Gelieren von Marmeladen, Gelees, Terrinen und Gemüseaspiks.

- **Ahornsirup:** Süßungsmittel, das aus dem Saft der Ahornbäume gewonnen wird. Ahornsirup wird in verschiedene Qualitätsgrade eingeteilt. Je höher die Lichtdurchlässigkeit, desto wertvoller der Sirup. Grad A und B zeichnen sich durch eine helle, bernsteinähnliche Farbe und ein mildes Aroma aus. Grad C und D sind dunkler und würziger.

- **Birnendicksaft:** konzentrierter Fruchtsaft, der als Süßungsmittel Verwendung findet.

- **Bulgur:** ein im Nahen Osten und in Nordafrika beheimatetes Weizenprodukt. Weizen wird eingeweicht, einige Stunden in wenig Wasser gekocht, anschließend getrocknet und zerkleinert. Fertigen Bulgur gibt es in Naturkostläden.

- **Carob:** ein aus den Früchten des Johannisbrotbaums gewonnenes Pulver (Johannisbrotmehl). Im Aussehen dem Kakao ähnlich, ist Carob im Unterschied zu diesem weniger fetthaltig und vor allem frei von stimulierenden Wirkstoffen wie Theobromin und Koffein, dafür besitzt es aber einen hohen natürlichen Zuckergehalt. Wegen seiner Ähnlichkeit mit Kakao wird Carob vorwiegend zu schokoladenartigen Produkten verarbeitet.

- **Gomasio:** ein aus Meersalz und Sesam hergestelltes Würzmittel. Gomasio schmeckt lecker über Salaten, Pellkartoffeln, Gemüse, Gratins, Rohkost und auf dem Butterbrot.

Gomasio lässt sich einfach **selbst herstellen**. Als Zutaten benötigt man Sesam und Meersalz im Verhältnis 10:1 (z. B. 10 EL Sesam und 1 EL Meersalz). Den Sesam in einer trockenen Pfanne unter Rühren langsam rösten, bis er duftet. Vorsicht, die Samen werden schnell zu dunkel! Den Sesam herausnehmen und das Meersalz ebenfalls kurz anrösten. Sesam und Meersalz vermischen und noch lauwarm zu einem nicht zu feinen Pulver vermahlen. Das geht im Mörser, aber auch im Mixer oder in einer Nussmühle. Kleine Mengen kann man auch in einer Pfeffer- oder Salzmühle direkt am Tisch mahlen. Gomasio lässt sich in einem verschlossenen Glas ein Jahr aufbewahren.

- **Hefeflocken:** Würzmittel, das sehr reich an Vitaminen und Spurenelementen ist. Insbesondere enthalten Hefeflocken die Vitamine des B-Komplexes.

- **Gelierpulver:** besteht hauptsächlich aus Pektin und Zitronensäure und dient zur einfachen Herstellung von Marmeladen und Gelees. Früchte oder Saft werden mit dem Pulver und einem Süßungsmittel entsprechend der Anleitung gemischt und gekocht. Gelierpulver ist unter Handelsnamen wie »Fruchtgel« oder »Konfigel« erhältlich.

- **Getreideflocken:** Getreidekörner werden unter Dampf erhitzt und anschließend mit Walzen gepresst. Durch den Pressvorgang wird empfindliches Keimöl frei. Getreideflocken werden deshalb leicht ranzig und sollten nur begrenzt bevorratet werden.

- **Meersalz:** wird vor allem an den Mittelmeer- und Atlantikküsten Südeuropas durch Trocknung von Meerwasser gewonnen. Meersalz enthält im Vergleich zu Kochsalz lediglich dreiundneunzig bis siebenundneunzig Prozent Natriumchlorid und damit immerhin drei bis sieben Prozent andere Mineralsalze und Spurenelemente.

- **Miso:** ein aus Japan stammendes Würzmittel von pastenartiger Konsistenz, das aus fermentierten Sojabohnen, Getreide und Meersalz gewonnen wird. Es gibt mehrere Misosorten, die sich in Lagerzeit und verwendeter Getreidesorte unterscheiden. Miso ist in Naturkostläden erhältlich.

- **Pektine:** Quellstoffe, die sich vor allem in den Zellwänden von Äpfeln, Quitten, Hagebutten, Holunder, Johannis-, Stachel- und Preiselbeeren befinden. Pektine werden aber auch industriell hergestellt. Durch ihre starke Quellfähigkeit können sie besonders gut Wasser binden.

- **Sojasauce:** ein in der fernöstlichen Küche unentbehrliches Würzmittel. Sojabohnen werden weich gekocht, mit einem bestimmten Schimmelpilz geimpft und zusammen mit einer Salzlösung in Holzfässern gelagert. Qualitativ hochwertige Sojasaucen bestehen entweder nur aus Sojabohnen, Wasser und Salz (Tamari), oder es wurde noch gerösteter Weizen zugesetzt (Shoyu).

- **Tahin:** zu Mus verarbeiteter Sesam. Je nach Sorte wird geschälter oder ungeschälter Sesam dafür verwendet. Tahin dient außer als Brotaufstrich auch als Saucengrundlage und zur Verfeinerung warmer Gerichte.

- **Tofu:** ein Sojabohnenprodukt, das in Konsistenz und Farbe Quark ähnelt. Weil Tofu nahezu geschmacksneutral ist, lässt er sich sehr vielseitig verwenden: süß oder pikant, gebraten, geräuchert oder frittiert.

- **Vollrohrzucker:** eingedickter und getrockneter Zuckerrohrsaft, der als Süßmittel verwendet wird.

Pausenbrote

Pausenbrote sind oft so langweilig, dass sie zu Hause vergessen werden! Man kennt das ja: Zwischen zwei lappige Scheiben Butterbrot ist lustlos eine Scheibe Käse oder Wurst gequetscht. Kein Wunder, dass sich die Süßwarenindustrie mit Kinderschnitten, Pausensnacks und Schokoriegeln einen Riesenmarkt schaffen konnte. Leider bleiben da Gesundheit und Geschmack auf der Strecke. Dabei ist es gar nicht so schwer und zeitaufwendig, leckere Pausenbrote für Kinder und Erwachsene herzustellen.

- Die Grundlage ist natürlich das **Brot.** Die Zutaten sollten – wie auch sonst alle Lebensmittel – möglichst aus kontrolliert biologischem Anbau stammen und so naturbelassen wie möglich sein. Das heißt im Klartext: Vollkornbrot oder Vollkornbrötchen vom Biobäcker oder aus dem Naturkostladen. Oder auch einmal selbst backen!

  Beim Brot immer wieder andere Sorten verwenden. Brötchen, Stangen, Knäckebrot, Baguettes, herzhafte oder milde Brote – schon beim Einkauf daran denken, wie wichtig Abwechslung ist.

  Auch bei Farbe und Form des Brotes und der Brotscheiben kann man seine Fantasie spielen lassen: Das Brot kann in Dreiecke oder Rauten geschnitten werden, es kann schön dekoriert werden. Mit wenig Aufwand wird so aus einem ungeliebten Magenfüller ein lustvoller Imbiss gezaubert. Da bleibt das Pausenbrot bestimmt nicht mehr zu Hause liegen!

- Auch der **Brotbelag** sollte abwechslungsreich sein. Nicht eine Woche lang denselben Aufstrich verwenden, bis er aufgebraucht ist. Lieber öfter mal variieren. Und auch gerne mal ein Salatblatt, Tomaten- oder Gurkenscheiben, frische

Sprossen oder etwas anderes Frisches dazugeben. Machen Sie ruhig einmal aus einem einfachen Käsebrot ein Luxussandwich!

- Und passend zum Aufstrich auch reichlich **Obst** und **Gemüse** einpacken, zum Beispiel Partytomaten, Bleichsellerie, Paprika, Radieschen, eine Karotte, Nüsse, eine Banane, einen Apfel – das lässt sich alles schön aus der Hand futtern.

- Auch kleine **Überraschungen** lassen die Beliebtheit des Pausenfrühstücks stark steigen. Studentenfutter, kleine Obst-, Gemüse- oder Käsespießchen, ein kalter Bratling, Früchtequark. So eine nette Kleinigkeit macht einfach Laune! Auch ein Müsli, ein Joghurt oder ein Viertelliter Milch sind schöne Abwechslungen. Und ab und an darf es ruhig auch mal ein Schokoladenkeks oder ein Muffin sein!

- Auch für Pausenbrote gilt: Das Auge isst mit. Schon das Auspacken kann Spaß machen, wenn die Brote in einer schönen Dose mitgenommen werden. Solche **Brotdosen** aus stabilem Kunststoff gibt es in den unterschiedlichsten Formaten, Designs und Qualitäten im Handel. Es ist praktisch, wenn Sie unterschiedliche Größen und Formen davon besitzen. Bleiben Sie dabei bei einfachem Design. Das niedliche Motiv, das dem Erstklässler gefällt, wird ihm spätestens nach der vierten Klasse peinlich sein. Und normalerweise haben die Brotdosen eine Lebensdauer von vielen Jahren! Wählen Sie jeweils eine Brotdose aus, die dem Pausenfrühstück möglichst wenig »Luft« lässt. So fällt das Brot nicht darin herum und wird beim Transport nicht unansehnlich. Für Rohkost, Obst oder kleine Überraschungen können Sie eine Brotdose mit Unterteilungen oder kleine Extradosen nehmen. Denken Sie auch daran, eventuell eine Serviette mit einzupacken!

- Zum Pausenfrühstück gehört natürlich auch ein **Getränk.** Besonders geeignet sind da Mineralwasser, Fruchtsaftschorlen oder ungesüßte Früchtetees. Doch Trinkflaschen für unterwegs haben manchmal ihre Tücken. Achten Sie darauf, dass die Trinkflasche einen CO_2-auslaufsicheren Verschluss hat, schadstofffrei, formstabil und beständig gegen Fruchtsäuren ist. Außerdem sollte sie sich für kalte und warme Getränke eignen. Wenn sie sich in der Spülmaschine reinigen lässt, ist das auch kein Schaden. Ganz wichtig ist, dass vor allem die manchmal kompliziert geformten Trinköffnungen gut zu reinigen sind!

Kinder trinken meist zu wenig! Nehmen Sie deshalb ruhig Kontakt zur Schule Ihres Kindes auf und schlagen Sie vor, dort ausreichend Getränke zur Verfügung zu stellen. Vor allem Klassen, die einen festen Klassensaal haben, wie es oft an Grundschulen noch vorkommt, können sich eigene Wasserkästen organisieren. Wenn sich mehrere Klassen zusammentun, lohnt es sich auch für einen Bringservice, ansonsten müssen sich die Eltern abwechseln.

Kleine Geschenke ...

Wer hat nicht schon oft in letzter Minute nach einem Geschenk für eine Einladung oder einem kleinen Dankeschön für eine Gefälligkeit gesucht? Die obligatorischen Mitbringsel Blumen und Wein wirken doch meist unpersönlich. Warum nicht einmal etwas Selbstgemachtes verschenken?

- Ein Brotaufstrich lässt sich **in kurzer Zeit** zusammenmixen. Und wenn nicht alle Zutaten vorhanden sind, kann man ruhig ein bisschen experimentieren. Den fertigen Aufstrich in ein schönes Glas füllen, und schon hat man ein originelles Geschenk.

- Sehr dekorativ ist **eingelegter Käse,** zum Beispiel Mozzarella. Er wird in ein großes Glas geschichtet und mit Kräutern und Gewürzen gemischt – fast schon ein Kunstwerk.

- Etwas ganz Besonderes gibt es noch für alle Globetrotter und Campingfans: den selbst gemachten Aufstrich **in der Tube.** Dazu gibt es in Campingbedarfsläden Plastiktuben zum Selberfüllen. Diese Tuben werden von hinten befüllt und dann mit Klemmen verschlossen. Sie sind wiederverwendbar und eignen sich gut für Butter, Aufstriche, Kindernahrung und Ähnliches.

- Oder Sie verschenken eine **Brotdose.** Es gibt sie heute in allen Größen, Formen und Materialien. Vom Kindergartenkind bis zum Geschäftsmann findet sich für alle sicher das passende Exemplar. In einer Brotdose ist das Pausenbrot gut aufgehoben, und Sie tun auch noch der Umwelt einen Gefallen. Schließlich kann eine Brotdose immer wieder verwendet werden. Alu- oder Frischhaltefolie, ja sogar das gute alte Butterbrotpapier werden dagegen nach Gebrauch meist in den Müll geworfen.

- Selbst gemachte **Marmelade** ist ein schönes Mitbringsel. Schneiden Sie aus einem Stoffrest oder einer schönen Papierserviette einen Kreis, dessen Durchmesser etwa sechs Zentimeter größer ist als der des Marmeladenglases. Legen Sie den Stoff auf den Deckel des gefüllten Glases und binden Sie den Stoff mit etwas Geschenkband fest. Nun noch ein schönes Etikett mit der Marmeladensorte und dem Herstelldatum auf das Glas kleben. Fertig ist das Geschenk.

- Natürlich darf bei all diesen Geschenken das **Rezept** zum Nachmachen des Aufstrichs nicht fehlen.

Unverträglichkeiten und Allergien

Viele Menschen leiden heute, manchmal schon von Geburt an, an Nahrungsmittelunverträglichkeiten und -allergien. Dies kann sich in den verschiedensten Symptomen äußern: Kopfschmerzen, Asthma, Ekzeme, Nesselsucht oder Arthritis, um nur einige zu nennen. Auch Neurodermitis zählt zu den Krankheiten, deren Verlauf eng mit den jeweiligen Ernährungsgewohnheiten zusammenhängt.

Vor allem **tierisches Eiweiß** und **Weizen** werden von vielen Menschen nicht vertragen. Im Rezeptteil finden sich sowohl Rezepte mit Milchprodukten und Eiern als auch Rezepte ohne tierisches Eiweiß – gekennzeichnet mit zwei Ähren. Bei einigen Rezepten sind tierisch-eiweißfreie Varianten angegeben, bei denen Butter durch Öl oder Margarine ersetzt wird – gekennzeichnet mit einer Ähre. Wer ganz auf tierisches Eiweiß verzichten will oder muss, kann in vielen Rezepten die Milchprodukte einfach durch Sojaprodukte ersetzen, also Milch durch Sojamilch und Quark durch Tofu. Statt Butter kann natürlich Pflanzenmargarine genommen werden, statt Mayonnaise Tofu- oder Sojamayonnaise (Sojannaise).

Beim **Würzen** der Aufstriche kann vielfach ganz auf Salz verzichtet werden, dafür mit (möglichst einheimischen) Kräutern oder Gewürzen abschmecken. Mit scharfen tropischen Gewürzen sollte sparsam umgegangen werden.

Auch Honig, Birnendicksaft oder Ahornsirup als Süßungsmittel nur in geringeren Mengen einsetzen.

Zitrusfrüchte und **Erdnüsse** sollten nicht in größeren Mengen verwendet werden. Beide können Unverträglichkeitsreaktionen hervorrufen.

Liegt ein Verdacht auf ernährungsbedingte Störungen vor, sollte auf jeden Fall ein Arzt zu Rate gezogen werden. Meist wird dann gezielt festgestellt, welche Nahrungsmittel zu meiden sind. Keine Angst! Es bleiben noch genügend Nahrungsmittel übrig, die gut schmecken. Mit etwas Fantasie und Lust am Experimentieren braucht man also trotz Nahrungsmittelunverträglichkeiten oder -allergien auf gesunde und schmackhafte Aufstriche nicht zu verzichten.

 Mit diesem Symbol sind alle tierisch-eiweißfreien Rezepte im Rezeptteil gekennzeichnet.

 Mit diesem Symbol sind Rezepte gekennzeichnet, die durch das Ersetzen von Butter durch Öl oder Margarine tierisch-eiweißfrei werden.

Aufstriche mit Butter

Grundrezept Butter

1 l Rahm
250 ml Buttermilch

Den Rahm kann man selbst gewinnen, indem man Rohmilch über Nacht im Kühlen stehen lässt. Sobald sich der Rahm als Schicht oben auf der Milch absetzt, kann man ihn vorsichtig abschöpfen. Gut gekühlt lässt sich dieser Rahm über zwei bis vier Tage sammeln, bis die Menge zum Buttern ausreicht. Natürlich kann auch aus gekaufter süßer Sahne Butter hergestellt werden.

Der Rahm kann nun sofort verbuttert werden. Dann entsteht Süßrahmbutter. Um der Butter einen besseren Geschmack und eine längere Haltbarkeit zu geben, wird der Rahm mit Buttermilch angesäuert und einige Stunden stehen gelassen. Den Sauerrahm vor dem Buttern noch einmal gut kühlen.

Das eigentliche Buttern bedeutet hauptsächlich eine mechanische Bearbeitung des Sauerrahms. Die Eiweißhäute, die die Fetttröpfchen umschließen, werden dabei aufgebrochen, es kommt zu größeren Fettzusammenballungen, dem Butterkorn. Wenn es schnell und einfach gehen soll, buttert man mit einem elektrischen Haushaltsrührgerät. Man kann aber auch mit einem Handrührer oder einem Schneebesen oder ganz traditionell mit einer Butterleier arbeiten.

Der Rahm wird zuerst zu ganz steifer Sahne geschlagen. Nun so lange weiterarbeiten, bis sich kirschkerngroße Butterkörnchen gebildet haben. Die Buttermilch durch ein Haarsieb abgießen und als köstliches Getränk oder zum Backen weiterverwenden. Die Butter im Sieb gut mit fließendem kalten Wasser spülen. Zwischendurch gründlich durchkneten, damit die restliche Flüssigkeit herausgepresst wird.

Die Butter mit der Hand oder einem Buttermodel in Form bringen. Das Buttermodel eine halbe Stunde in heißes Wasser legen und vor der Benutzung kalt ausspülen. Die Butter so hineindrücken, dass nirgends mehr Löcher offen sind. Im Kühlschrank fest werden lassen, dann auf einen Teller stürzen. Wird von Hand geformt, geht es einfacher, wenn die Hände vorher in warmes Wasser getaucht werden.

Eine Butterrolle erhält man, wenn man die Butter in Butterbrotpapier zu einer dicken Wurst rollt. Die Butter noch einmal gut kühlen und dann in gleichmäßige Scheiben schneiden.

Aus einem Liter Vollmilch von der Kuh gewinnt man – je nach Fettgehalt der Milch – etwa 150 g Butter, aus Schafsmilch etwa 400 g. Butter aus Schafsmilch ist eine Delikatesse. Sie ist mild und hat einen mandelartigen Geschmack.

Natürlich kann man auch Butter kaufen und für die nachfolgenden Rezepte verwenden.

- **Tipp:** Soll nur eine kleine Menge Butter hergestellt werden, kann der Rahm auch in einer dickbauchigen Flasche oder in einem großen Joghurtglas mit Twist-Off-Deckel geschüttelt werden, bis er ausbuttert. Mit dieser Methode können sogar schon Kleinkinder »ihre« Butter selbst machen. Die wird dann natürlich noch mal so gern gegessen. Und als Belohnung gibt's gleich ein Glas frische Buttermilch. Mhmm, lecker ...

Knoblauchbutter

125 g Butter
2 – 3 Knoblauchzehen
1 TL Zitronensaft
Meersalz

Die Butter weich rühren. Knoblauchzehen schälen, hineinpressen, mit Zitronensaft und Meersalz abschmecken.

- **Tipp:** Knoblauchbutter schmeckt warm besonders gut. Egal ob auf Brot oder zu gegrilltem Gemüse.

Kräuterbutter

125 g Butter
1 Knoblauchzehe
2 EL frische Kräuter (z. B. Dill, Petersilie,
*   Kresse, Schnittlauch, Basilikum), klein geschnitten*
1 TL Zitronensaft
Meersalz

Die Butter geschmeidig rühren. Die Knoblauchzehe schälen, pressen und mit den klein geschnittenen Kräutern und dem Zitronensaft unter die Butter mischen. Mit Meersalz abschmecken. Die Kräuterbutter vor Gebrauch im Kühlschrank wieder etwas fest werden lassen.

Petersilien-Walnuss-Butter

125 g Butter
1 TL Zitronensaft
50 g Walnüsse
1 Bund Petersilie
50 g Emmentaler

Die Butter schaumig rühren. Die Walnüsse hacken, Petersilie klein schneiden, den Käse reiben. Alle Zutaten gründlich vermischen. Bei Zimmertemperatur ist dieser Aufstrich streichfähiger.

Senfbutter

125 g Butter
1 EL scharfer Senf
1 EL Crème fraîche
etwas Dill

Die Butter schaumig rühren. Senf und Crème fraîche untermischen. Die Senfbutter in ein schönes Schälchen füllen und mit einigen Zweigen Dill garnieren. Vor Gebrauch im Kühlschrank wieder etwas fest werden lassen.

Pistazienbutter

125 g Butter
2 EL Pistazienkerne
Meersalz
1 Prise Gomasio (siehe Seite 17)

Die Butter schaumig rühren. Die Pistazienkerne fein hacken. Alle Zutaten miteinander vermischen. Vor Gebrauch im Kühlschrank wieder etwas fest werden lassen.

Basilikumbutter

125 g Butter
1 Bund Basilikum
50 g Crème fraîche
Meersalz
schwarzer Pfeffer

Die Butter schaumig rühren. Basilikumblätter hacken und mit der Crème fraîche unter die Butter mischen. Mit Meersalz und schwarzem Pfeffer abschmecken. Vor Gebrauch im Kühlschrank wieder etwas fest werden lassen.

- **Tipp:** Basilikumbutter schmeckt auch gut zu frischen oder gegrillten Tomaten.

Apfelschmalz

1 Zwiebel
200 g Butter
1 saurer Apfel
1 Zweig frischer Majoran
1 TL Meersalz

Die Zwiebel schälen, fein hacken und in etwas Butter anrösten, dann die restliche Butter dazugeben. Den Apfel reiben. Die Majoranblättchen abzupfen und fein hacken. Beides unterrühren und in der Butter kurz mitschmoren lassen. Mit Meersalz würzen. Das Apfelschmalz beim Abkühlen öfter umrühren, damit sich die festen Teile nicht am Boden absetzen.

• **Tipp:** Probieren Sie Apfelschmalz auf frischem Roggenbrot!

Sesambutter

125 g Butter
2 EL Sesam
1 Knoblauchzehe
Rosenpaprika
Meersalz

Die Butter weich rühren. Den Sesam in einer trockenen Pfanne anrösten, bis er duftet, den Knoblauch schälen und pressen. Beides mit der weichen Butter verrühren und mit etwas Rosenpaprika und Meersalz abschmecken. Vor Gebrauch im Kühlschrank wieder etwas fest werden lassen.

Pilzbutter

125 g Butter
1 kleine Zwiebel
100 g Pilze (z. B. Champignons, Steinpilze)
1 EL Petersilie, fein gehackt
Zitronensaft
Meersalz

Die Butter weich rühren. Die Zwiebel schälen und fein hacken, Pilze putzen und ebenfalls fein hacken, in etwas Butter andünsten. Etwas abkühlen lassen und mit der restlichen weichen Butter verrühren. Mit Petersilie, Zitronensaft und Meersalz pikant abschmecken. Vor Gebrauch im Kühlschrank wieder etwas fest werden lassen.

Hefeflockenbutter

50 g Butter
50 g Hefeflocken
1 EL Sesam
1 TL Miso
50 g Crème fraîche
schwarzer Pfeffer

Die Butter schaumig rühren. In einer trockenen Pfanne Hefe-flocken und Sesam anrösten, wieder abkühlen lassen. Zusammen mit Miso und Crème fraîche unter die Butter mischen und mit schwarzem Pfeffer abschmecken. Vor Gebrauch im Kühl-schrank wieder etwas fest werden lassen.

Tomatenbutter

125 g Butter
2 EL Tomatenmark
1 Schalotte
schwarzer Pfeffer
Meersalz
frisches Basilikum, fein gehackt

Die Butter weich rühren, das Tomatenmark dazugeben. Die Schalotte schälen, sehr fein hacken und ebenfalls unter die But-ter rühren. Mit Pfeffer, Salz und frischem Basilikum abschme-cken. Vor Gebrauch im Kühlschrank wieder etwas fest werden lassen.

Olivenbutter

125 g Butter
10 Oliven
5 süße Mandeln
schwarzer Pfeffer
Meersalz
frischer oder getrockneter Oregano, fein gehackt
Tabasco

Die Butter schaumig rühren. Die Oliven entsteinen und klein würfeln, die Mandeln fein hacken. Beides unter die Butter mischen und mit den Gewürzen abschmecken. Vor Gebrauch im Kühlschrank wieder etwas fest werden lassen.

Kapernbutter

125 g Butter
2 EL Kapern
1 Ei
Meersalz
Zitronensaft

Die Butter weich rühren. Die Kapern fein hacken. Das Ei hart kochen, abschrecken, schälen und ebenfalls hacken. Alle Zutaten miteinander verrühren. Mit Meersalz und etwas Zitronensaft abschmecken. Vor Gebrauch im Kühlschrank wieder etwas fest werden lassen.

Eierbutter

125 g Butter
2 Eier
1 TL Senf
1 TL Zitronensaft
Cayennepfeffer
Meersalz
schwarzer Pfeffer

Die Butter weich rühren. Die Eier hart kochen, abschrecken und schälen, etwas abkühlen lassen. Eigelb durch ein Sieb passieren, das Eiweiß sehr fein hacken. Beides mit Senf und Zitronensaft unter die Butter rühren, mit Cayennepfeffer, Meersalz und schwarzem Pfeffer abschmecken. Vor Gebrauch im Kühlschrank wieder etwas fest werden lassen.

Dillbutter

125 g Butter
2 Eier
2 EL frischer Dill, fein gewiegt
Meersalz

Die Butter weich rühren. Die Eier hart kochen, abschrecken, schälen und in mittelfeine Stückchen schneiden. Mit dem Dill unter die Butter rühren. Mit Meersalz abschmecken. Vor Gebrauch im Kühlschrank wieder etwas fest werden lassen.

- **Tipp:** Eine Scheibe Dillbutter auf jungen Kartoffeln, in der Schale gegart, ist ein Genuss!

Apfel-Sellerie-Butter

1 Zwiebel
250 g Butter
2 große Äpfel
1 Stück Sellerie (etwa so viel wie die Äpfel)
gekörnte Gemüsebrühe
schwarzer Pfeffer
frischer oder getrockneter Majoran, fein gehackt
50 g Hefeflocken

Die Zwiebel schälen, fein hacken und in der Butter leicht andünsten. Die Äpfel und den Sellerie fein raspeln und kurz mitdünsten lassen, bis sie weich sind. Mit Gemüsebrühe, Pfeffer und Kräutern würzen und die Hefeflocken einrühren. Vor Gebrauch im Kühlschrank etwas fest werden lassen.

• **Tipp:** Schmeckt besonders gut auf Roggenbrot!

Curry-Bananen-Butter

125 g Butter
1 reife Banane
Zitronensaft
1 EL Curry
Meersalz

Die Butter weich rühren. Die Banane schälen, mit einer Gabel zerdrücken und unter die Butter rühren. Mit Zitronensaft, Curry und Meersalz pikant abschmecken. Vor Gebrauch im Kühlschrank wieder etwas fest werden lassen.

Schalottenbutter

125 g Butter
3 Schalotten
½ Tasse Wasser
2 EL Rotweinessig
1 Lorbeerblatt
1 Prise frischer oder getrockneter Thymian, fein gehackt
1 Prise frischer oder getrockneter Rosmarin, fein gehackt
1 Prise frischer oder getrockneter Lavendel, fein gehackt
Meersalz

Die Butter weich rühren, die Schalotten schälen und fein schneiden. Wasser und Rotweinessig zum Kochen bringen und die
Schalotten, den Lorbeer und die Kräuter darin köcheln lassen,
bis die Flüssigkeit verdampft ist. Das Lorbeerblatt entfernen und
alles abkühlen lassen. Die Schalotten unter die Butter mischen.
Mit Meersalz abschmecken. Vor Gebrauch im Kühlschrank
wieder etwas fest werden lassen.

Gomasiobutter

125 g Butter
2 EL Sesam
1 TL Meersalz

Die Butter weich rühren. Den Sesam in einer trockenen Pfanne goldgelb rösten. Im Mörser zusammen mit dem Meersalz zu Gomasio zerstoßen (siehe auch Seite 17) und unter die weiche Butter geben. Vor Gebrauch im Kühlschrank wieder etwas fest werden lassen.

- **Tipp:** Wenn's schnell gehen soll, verwenden Sie gekauftes Gomasio!

Walnussbutter

125 g Butter
50 g Walnüsse
1 EL frischer Kerbel, fein gewiegt
1 TL Gomasio (siehe Seite 17)

Die Butter weich rühren. Die Walnüsse fein hacken. Alle Zutaten gut miteinander verrühren. Vor Gebrauch im Kühlschrank wieder etwas fest werden lassen.

Meerrettichbutter

125 g Butter
2 EL Meerrettich, fein gerieben
1 Prise Vollrohrzucker
Meersalz

Die Butter weich rühren. Den fein geriebenen Meerrettich unterrühren und mit einer Prise Zucker und Meersalz abschmecken. Vor Gebrauch im Kühlschrank wieder etwas fest werden lassen.

• **Tipp:** Es kommt bei der Menge an Meerrettich darauf an, ob Sie frisch geriebenen oder den etwas milderen Meerrettich aus dem Glas verwenden. Und natürlich auf den Geschmack. Nicht jeder liebt den Rachenputzer-Effekt, den frischer, scharfer Meerrettich nun einmal hat.

Mandel-Kerbel-Butter

125 g Butter
50 g Mandeln, abgezogen
1 EL frischer Kerbel, fein gewiegt
1 EL Hefeflocken
Meersalz

Die Butter weich rühren. Die Hälfte der Mandeln grob hacken, die andere Hälfte fein mahlen. In einer trockenen Pfanne anrösten, bis sie duften. Mandeln, fein gewiegten Kerbel und Hefeflocken mit der weichen Butter verrühren und mit Meersalz abschmecken. Vor Gebrauch im Kühlschrank wieder etwas fest werden lassen.

Müslibutter

125 g Butter
1 kleine Banane
30 g Müslimischung
1 TL Honig

Die Butter schaumig rühren. Die Banane schälen, mit einer Gabel zermusen und zusammen mit der Müslimischung unter die Butter rühren. Mit Honig süßen. Vor Gebrauch im Kühlschrank wieder etwas fest werden lassen.

Studentenbutter

125 g Butter
1 EL Rosinen
1 EL Cashewnüsse
1 EL Erdnüsse
1 TL Honig

Die Butter schaumig rühren. Die Rosinen klein schneiden, die Cashewnüsse und Erdnüsse hacken. Alle Zutaten miteinander verrühren. Vor Gebrauch im Kühlschrank wieder etwas fest werden lassen.

Preiselbeerbutter

125 g Butter
100 g Preiselbeeren aus dem Glas
1 EL Honig

Die Butter weich rühren. Preiselbeeren und Honig dazugeben und glatt rühren. Vor Gebrauch im Kühlschrank wieder etwas fest werden lassen.

Himbeerbutter

125 g Butter
50 g Himbeeren
1 TL Honig
gemahlene Vanille

Die Butter schaumig rühren. Himbeeren, Honig und Vanille mit dem Pürierstab zermusen und mit der Butter mischen. Vor Gebrauch im Kühlschrank wieder etwas fest werden lassen. Himbeerbutter passt besonders gut zu frischem Hefegebäck.

Butter rot-grün

125 g Butter
100 g gemischte rote Beeren
(z. B. Erdbeeren, Johannisbeeren, Himbeeren)
1 TL Honig
2 EL Pistazien

Die Butter mit den Beeren und dem Honig im Mixer pürieren.
Die Pistazien grob hacken und unter die Buttermischung rühren. Vor Gebrauch im Kühlschrank wieder etwas fest werden
lassen.

Carobbutter

125 g Butter
2 EL Carobpulver
1 TL Honig
gemahlene Vanille

Die Butter weich rühren. Carob und Honig miteinander glatt rühren und zur Butter geben. Mit Vanille würzen. Vor Gebrauch im Kühlschrank wieder etwas fest werden lassen.

Kokosbutter

125 g Butter
1 EL Carobpulver
1 TL Honig
25 g Kokosraspel

Die Butter weich rühren. Carobpulver mit Honig mischen und mit den Kokosraspeln unter die Butter rühren. Vor Gebrauch im Kühlschrank wieder etwas fest werden lassen.

Zimtbutter

125 g Butter
1 TL Zimt
1 TL Honig

Die Butter mit Zimt und Honig schaumig rühren. Vor Gebrauch
im Kühlschrank wieder etwas fest werden lassen.

Mandelbutter

125 g Butter
50 g Mandeln
Meersalz

Die Butter weich rühren. Die Mandeln grob hacken und in einer trockenen Pfanne goldgelb rösten. Unter die Butter rühren und mit Meersalz abschmecken. Vor Gebrauch im Kühlschrank wieder etwas fest werden lassen.

Aufstriche mit Quark und Käse

Grundrezept Quark

1 l Milch
3 EL Dickmilch oder Buttermilch

Die Milch mit der Dickmilch oder Buttermilch »impfen« und einen ganzen Tag bei Zimmertemperatur zu Dickmilch säuern lassen. Den Backofen kurz auf 50 °C aufheizen und wieder abschalten. Die Dickmilch darin eine halbe Stunde lang erwärmen, damit sich die Molke vom sogenannten Bruch abtrennt. Die optimale Temperatur dafür ist 35 °C. Wenn die Dickmilch zu heiß wird, kann das Ergebnis zu trocken und krümelig ausfallen.

Ein Küchensieb mit einem Mulltuch auslegen und den Bruch vorsichtig hineinschöpfen. Das Tuch an den Enden verknoten und aufhängen. (Drehen Sie einen Hocker um und knoten Sie die Ecken des Tuches an die Stuhlbeine. Eine Schüssel zum Auffangen der Molke unter das Tuch stellen.) So kann die Molke in etwa zwei Stunden vollständig abtropfen. Wenn als Ausgangsmaterial Magermilch verwendet wird, entsteht natürlich auch Magerquark. Je fetthaltiger die Milch, desto sahniger wird der Quark.

Grundrezept Frischrahmkäse

500 ml süße Sahne
1 EL Dickmilch oder Buttermilch

Die Sahne mit der Dickmilch impfen und einen ganzen Tag
säuern lassen. Weiter wie bei der Quarkherstellung verfahren
(siehe Seite 49). Es entsteht ein Frischkäse mit hohem Fettgehalt.

Kochkäse

500 g Quark
1 TL Meersalz
1 g kohlensaures Natron
Kümmel nach Geschmack

Den Quark in einem Sieb abtropfen lassen. Wenn er richtig trocken ist, wird er möglichst fein gerieben. Das geht besonders
gut mit einer »Flotten Lotte«, man kann ihn aber auch durch ein
grobes Sieb passieren. In einer dünnen Schicht auf einer Unter-
lage zwei bis vier Tage reifen lassen, täglich einmal umrühren.

Den gereiften Quark mit dem Meersalz und dem kohlensau-
ren Natron versetzen. Im Wasserbad bei etwa 85 °C unter Rühren eine halbe Stunde erhitzen, bis er die typische Konsistenz
von Kochkäse angenommen hat. Wer mag, kann noch Kümmel
unterrühren.

Den noch heißen Kochkäse in Twist-Off-Gläser füllen und
die Gläser sofort verschließen. Auf diese Art ist der Kochkäse
kühl aufbewahrt lange haltbar.

Grundrezept Körniger Frischkäse

1 l entrahmte Milch
3 EL Dickmilch oder Buttermilch
Meersalz
saure Sahne nach Geschmack

Die entrahmte Milch mit Dickmilch oder Buttermilch »impfen«
und einen ganzen Tag säuern lassen. Den Backofen kurz auf
50 °C aufheizen und wieder abschalten. Die angedickte Milch
darin auf etwa 35 °C erwärmen, damit sich die Molke vom
sogenannten Bruch abtrennt. Dabei öfter mit einem Rührlöffel
vorsichtig rühren.

Ein Küchensieb mit einem Mulltuch auslegen und den Bruch
hineinschöpfen. Während die Masse abkühlt, ab und zu kräftig
mit den Fingern »durchkämmen«, damit sich die für körnigen
Frischkäse charakteristischen Klümpchen bilden.

Nach etwa eine Stunde ist genug Molke abgelaufen. Den
körnigen Frischkäse mit etwas Meersalz abschmecken. Wer mag,
kann auch noch einige Esslöffel saure Sahne unterrühren.

Mairübenquark

200 g Mairüben
1 Bund Radieschen
1 Bund Schnittlauch
150 g körniger Frischkäse
150 g Sahnequark
1 EL Milch
Zitronensaft
Meersalz
schwarzer Pfeffer

Die Mairüben grob reiben, Radieschen in dünne Scheiben schneiden, den Schnittlauch hacken. Körnigen Frischkäse und Sahnequark mischen, Milch dazugeben und geschmeidig rühren. Die Gemüse unterheben. Mit Zitronensaft, Salz und Pfeffer abschmecken.

- **Tipp:** Dieser Aufstrich eignet sich auch als frisch-pikante Pfannkuchenfüllung.

Leinölquark

200 g Quark
2 – 3 EL Leinöl
1 TL Kümmel, gemahlen
Meersalz

Den Quark mit Leinöl glatt rühren und mit Kümmel und Meersalz abschmecken.

- **Tipp:** Leinölquark ist eine leckere Beigabe zu Backofenkartoffeln. Setzen Sie dazu halbierte Kartoffeln auf ein Backblech, belegen Sie sie mit Butterflöckchen und nach Geschmack mit Kümmelkörnern und lassen Sie sie bei etwa 200 °C (Ober- und Unterhitze oder Umluft) 30 – 40 Minuten backen.

Bluecreme

100 g Edelschimmelkäse
200 g Quark
50 g Haselnüsse
etwas frische Pfefferminze
1 TL Zitronensaft
Kräutersalz
schwarzer Pfeffer

Den Edelschimmelkäse mit einer Gabel zerdrücken, mit dem Quark mischen. Die Haselnüsse fein mahlen, Pfefferminzblättchen waschen und klein schneiden und beides unter den Quark rühren. Mit Zitronensaft, Kräutersalz und Pfeffer abschmecken.

Kresseaufstrich

1 Tasse Kresse
1 kleine Zwiebel
1 kleine Stange Lauch
2 EL Nüsse
200 g körniger Frischkäse
Meersalz

Die Kresse vorsichtig waschen und fein hacken, die Zwiebel schälen und sehr fein schneiden. Den Lauch in sehr dünne Ringe schneiden. Die Nüsse in einer trockenen Pfanne anrösten und grob hacken. Alle Zutaten mit dem Frischkäse mischen und kurz durchziehen lassen. Mit etwas Salz abschmecken.

Obatzter

200 g Camembert
1 – 2 EL Öl
1 Zwiebel
1 TL Zitronensaft
Meersalz
1 – 2 TL Paprikapulver

Für Obatzter einen möglichst reifen Camembert verwenden. Er lässt sich leichter verarbeiten und ist auch geschmacksintensiver. Den Camembert und das Öl mit einer Gabel zu einer breiartigen Masse zerdrücken. Die Zwiebel schälen, sehr fein schneiden und untermischen. Mit Zitronensaft, Meersalz und Paprika pikant abschmecken.

• **Tipp:** Obatzter schmeckt toll zu frischem Laugengebäck!

Dattel-Camembert-Aufstrich

400 g reifer Camembert oder Brie
200 g Datteln
Cayennepfeffer
Meersalz

Den Käse entrinden und mit einer Gabel zerdrücken. Die Datteln entsteinen und fein hacken. Unter den Käse mischen. Mit Cayennepfeffer und Salz pikant abschmecken.

Schafskäsecreme

1 – 3 Knoblauchzehen
frischer Oregano
250 g Schafskäse nach Art von Feta
100 g Butter
4 EL Sahne
1 EL Tomatenmark
Paprikapulver, edelsüß

Knoblauch schälen. Knoblauch und Oregano fein hacken und mit Käse, Butter, Sahne und Tomatenmark mit dem Pürierstab zu einer feinen Creme verarbeiten. Mit Paprikapulver pikant abschmecken.

• **Tipp:** Schmeckt auch als Dip zu Rohkost sehr lecker!

Kräuterquark

200 g Quark
4 EL Milch
frische Kräuter (z. B. Schnittlauch,
    Petersilie, Zitronenmelisse, Borretsch, Basilikum)
2 Knoblauchzehen
Tabasco
schwarzer Pfeffer
Meersalz

Den Quark mit der Milch geschmeidig rühren. Die Kräuter waschen, fein hacken und unter den Quark mischen. Die Knoblauchzehen schälen und in den Quark pressen. Den Kräuterquark mit einem Spritzer Tabasco, Pfeffer und Meersalz abschmecken.

Roquefortcreme

100 g Roquefort
200 g Butter
1 Prise Muskatnuss, gerieben
schwarzer Pfeffer
1 EL Nüsse, gehackt

Roquefort und Butter zuerst mit einer Gabel zerdrücken und dann durch ein Sieb streichen. Mit Muskat und schwarzem Pfeffer abschmecken. Mit den gehackten Nüssen bestreut servieren.

Gurkenmousse

½ Salatgurke
1 TL Meersalz
200 g Frischkäse
1 EL Milch
1 Bund Dill
Zitronensaft
schwarzer Pfeffer
eventuell etwas Meersalz

Die Salatgurke schälen und in feine Scheiben hobeln. Mit dem Salz mischen und 15 Minuten stehen lassen. Die Gurken anschließend mit beiden Händen gut ausdrücken, sodass die Flüssigkeit weitgehend abgeschieden wird. Gurken, Frischkäse und Milch im Mixer pürieren. Den Dill hacken und unterrühren. Mit Zitronensaft, schwarzem Pfeffer und gegebenenfalls etwas Meersalz abschmecken.

Meerrettichkäse

100 g Frischrahmkäse
1 Msp Senf
1 TL Apfeldicksaft
Meersalz
2 EL Meerrettich aus dem Glas

Den Frischrahmkäse mit den restlichen Zutaten verrühren. Den Meerrettich dabei nach und nach zugeben und immer mal probieren, ob der Käse schon scharf genug schmeckt.

Brennnesselkäse

100 g Hartkäse (z. B. Emmentaler)
50 g Butter
junge Brennnesselblätter
Meersalz

Den Hartkäse reiben und mit der Butter zu einer geschmeidigen Paste verarbeiten. Die Brennnesselblätter waschen und fein schneiden und in die Masse einkneten. Nach Geschmack noch etwas salzen.

• **Tipp:** Wenn die Brennnesselblätter schon brennen, kann man sie vor dem Weiterverarbeiten mit heißem Wasser überbrühen. Oder man lässt sie einfach trocknen.

Basilikumcreme

2 Bund Basilikum
1 Knoblauchzehe
250 g Schafskäse nach Art von Feta
4 – 5 EL Olivenöl
Meersalz

Das Basilikum fein hacken, die Knoblauchzehe schälen und pressen. Beides mit den übrigen Zutaten im Mixer fein pürieren.

• **Tipp:** Creme aufs Brot streichen und mit feinen Knoblauchscheibchen, in Öl goldbraun geröstet, belegen. Noch mit etwas Olivenöl beträufeln und gleich servieren.

Schafskäse mit Nüssen

150 g Schafskäse nach Art von Feta
50 g Butter
1 EL Crème fraîche
Meersalz
schwarzer Pfeffer
100 g Nüsse (z. B. Walnüsse, Haselnüsse)

Schafskäse, Butter und Crème fraîche zu einer glatten Creme
verrühren. Mit Salz und Pfeffer abschmecken. Die Nüsse grob
hacken und unterrühren.

Bunte Käsebällchen

250 g Frischkäse
etwas Milch
1 EL frische Kräuter, klein geschnitten,
oder 1 EL Sesam oder 1 EL Paprikapulver

Den Frischkäse mit etwas Milch geschmeidig rühren und mit
angefeuchteten Händen kleine Bällchen daraus formen. Die
Bällchen entweder in frischen, klein geschnittenen Kräutern,
Sesamsaat oder Paprikapulver wälzen. Das sieht hübsch aus
und schmeckt lecker.

Aufstrich Méditerranée

8 getrocknete Tomaten
etwas Wasser
1 EL Essig
200 g Schafskäse nach Art von Feta
eventuell etwas Milch
200 g Frischkäse
4 Knoblauchzehen
4 EL scharfes Ajvar
Tabasco
Meersalz
schwarzer Pfeffer
Kräuter der Provence

Die getrockneten Tomaten in etwas Wasser mit dem Essig 2 – 3 Minuten köcheln lassen. Die Flüssigkeit abgießen und die Tomaten fein hacken. Den Schafskäse mit der Gabel fein zerdrücken, eventuell etwas Milch zugeben. Den Frischkäse unterrühren. Den Knoblauch schälen und fein hacken. Alle Zutaten zueinandergeben und mit dem Pürierstab zu einer Paste verarbeiten.

Scharf abschmecken und über Nacht im Kühlschrank durchziehen lassen.

Italienischer Brotaufstrich

2 Tomaten
1 Bund Rucola
100 g Pecorino
100 g Frischkäse
1 EL Balsamico-Essig
Meersalz
schwarzer Pfeffer

Die Tomaten kurz in kochendes Wasser tauchen und sofort kalt abschrecken. Nun können die Häute leicht abgezogen werden. Die Tomaten entkernen und das Fruchtfleisch in kleine Würfel schneiden. Rucola waschen und fein wiegen. Den Pecorino auf einer Reibe fein reiben. Pecorino mit dem Frischkäse und Balsamico-Essig zu einer geschmeidigen Creme rühren und mit Salz und Pfeffer kräftig abschmecken. Tomaten und Rucola unterrühren.

Zaziki

250 g Quark
etwas Milch
½ Salatgurke
2 Knoblauchzehen
Zitronensaft
Meersalz

Den Quark mit etwas Milch geschmeidig rühren. Die Salatgurke auf einer nicht zu feinen Rohkostreibe reiben. Den Knoblauch schälen und pressen. Gurke und Knoblauch in den Quark
einrühren, mit Zitronensaft und Meersalz abschmecken.

Vor dem Servieren gut durchziehen lassen.

• **Tipp:** Wenn Sie Zaziki nicht als Brotaufstrich, sondern als
Dip oder Sauce verwenden möchten, nehmen Sie statt
Quark einfach Sahnejoghurt.

Eingelegter Mozzarella

2 Mozzarellakäse
1 Bund frisches Basilikum
2 – 4 Knoblauchzehen
Öl

Den Mozzarella in Scheiben schneiden. Das Basilikum waschen, trocknen und die Blättchen einzeln abzupfen. Die Knoblauchzehen schälen und ebenfalls in Scheiben schneiden.

Käse, Kräuter und Knoblauch in ein dekoratives Glas schichten und mit Öl übergießen. Der Käse soll vollständig mit Öl bedeckt sein.

Im Kühlschrank eine Woche durchziehen lassen.

• **Tipp:** Eingelegter Mozzarella schmeckt besonders gut zu Roggenbrot, mit Tomatenscheiben belegt. Das Öl kann entweder erneut zum Einlegen von Käse verwendet werden, man kann aber auch Salate mit ihm anmachen. Es nimmt einen herzhaften Knoblauch-Kräuter-Geschmack an. Wer es ganz italienisch mag, nimmt Olivenöl.

Eingelegter Mozzarella sieht so schön aus, dass man ihn ruhig auch als naturköstliches Mitbringsel verschenken kann.

Ziegenkäse scharf eingelegt

2 Knoblauchzehen
6 kleine runde Ziegenkäse
2 Zweige Rosmarin
2 Zweige Thymian
1 Zweig Lavendel
1 Lorbeerblatt
1 EL grüner Pfeffer
3 rote Chilischoten
etwa 500 ml Öl

Den Knoblauch schälen und in Scheiben schneiden. Den Ziegenkäse abwechselnd mit den Würzzutaten in ein dekoratives Einmachglas schichten und mit so viel Öl übergießen, dass alles bedeckt ist.

Gut verschließen und im Kühlschrank eine Woche durchziehen lassen.

- **Tipp:** Scharf eingelegter Ziegenkäse ist ein köstliches Gericht zum Abendessen an heißen Sommertagen. Servieren Sie ihn zusammen mit Oliven, Tomaten, gut gekühlter Butter und frischem Fladenbrot.

Paprikakäse

1 rote Paprikaschote
1 grüne Paprikaschote
250 g Frischkäse
3 EL Crème fraîche
frische Kräuter
1 Knoblauchzehe
Zitronensaft
Kräutersalz

Die Paprikaschoten waschen und abtrocknen. Von der roten Paprika einen Deckel abschneiden und vorsichtig die Kerne entfernen. Die grüne Paprika ebenfalls entkernen und in kleine Stückchen schneiden. Den Frischkäse mit der Crème fraîche verrühren. Die Kräuter fein hacken und dazugeben. Den Knoblauch schälen und hineinpressen, mit Zitronensaft und Kräutersalz abschmecken. Die kleinen Stückchen der grünen Paprika ebenfalls unterrühren.

Die rote Paprikaschote mit der Käsecreme füllen. Im Kühlschrank etwas durchziehen lassen. Mit einem sehr scharfen Messer in Scheiben oder Schiffchen schneiden und auf einem Teller anrichten.

Pfefferkäse

200 g Frischkäse
3 EL süße Sahne
2 EL schwarze Pfefferkörner

Den Frischkäse mit der Sahne geschmeidig rühren. Mit feuchten Händen zu einer Kugel formen. Den schwarzen Pfeffer grob mahlen und den Käse darin wälzen.

»Handkäs mit Musik«

1 – 2 EL Essig
5 EL Öl
Meersalz
schwarzer Pfeffer
1 große Zwiebel
4 kleine Handkäse (Harzer Käse)

Aus Essig, Öl, Salz und Pfeffer eine Marinade anrühren. Die Zwiebel schälen, klein schneiden und unter die Marinade rühren. Die Handkäse ganz oder etwas zerkleinert in der Marinade einlegen. Mindestens zwei Stunden ziehen lassen. Kenner legen den Käse aber auch länger ein.

Brokkoli-Frischkäse

200 g Brokkoliröschen
200 g Frischkäse
1 – 2 EL Milch
Meersalz
Zitronensaft

Die Brokkoliröschen mit dem Wiegemesser sehr klein schneiden. Den Frischkäse mit der Milch geschmeidig rühren. Brokkoli unterrühren und mit Meersalz und Zitronensaft abschmecken.

Tomaten-Käse-Paste

2 Fleischtomaten
1 EL frische Kräuter, fein geschnitten
100 g Frischkäse
100 g Schafskäse nach Art von Feta
2 EL Tomatenmark
Meersalz
½ TL Honig

Die Tomaten kurz mit kochendem Wasser überbrühen, kalt abschrecken und die Häute entfernen. Fein geschnittene Kräuter und Tomaten zusammen mit den restlichen Zutaten im Mixer pürieren.

Dörrobstquark

50 g Dörrobst nach Wahl
100 g Quark

Das Dörrobst über Nacht mit Wasser bedecken. Mit dem Einweichwasser im Mixer pürieren und unter den Quark rühren.

Sanddorncreme

100 g Quark
200 g Sahnejoghurt
2 EL Honig
Saft einer halben Zitrone
4 EL Sanddornsirup

Alle Zutaten miteinander zu einer glatten Creme verrühren. Sanddorncreme ist reich an Vitamin C. Besonders wichtig in der kalten Jahreszeit!

Honigquark

100 g Quark
200 g Sahnejoghurt
2 – 3 EL Honig
Saft einer halben Zitrone
Saft einer halben Orange

Alle Zutaten miteinander zu einer glatten Creme verrühren.

- **Tipp:** Honigquark schmeckt besonders gut zu frisch gebackenen Brötchen!

Blaubeerquark

100 g Quark
2 – 3 EL Milch
50 g Blaubeeren
1 EL Honig

Den Quark mit der Milch cremig rühren. Die Hälfte der Blaubeeren mit einer Gabel grob zerdrücken. Zusammen mit dem Honig unter den Quark rühren. Die restlichen Beeren unzerkleinert untermischen.

Pflaumenquark

100 g Pflaumen
1 TL Honig
1 Prise Zimt
3 EL Wasser
100 g Quark

Die Pflaumen entsteinen, mit Honig, Zimt und Wasser kurz dünsten. Die Pflaumen dürfen nicht zerkocht sein. Im Mixer pürieren und unter den Quark rühren.

Pasten mit Ölsaaten und Nüssen

Grundrezept Tahin

250 g Sesam
Meersalz
Sesamöl

Den Sesam in einer trockenen Pfanne unter Rühren goldgelb rösten. Im Mixer oder Mörser möglichst fein pürieren. Mit Meersalz abschmecken. Das hausgemachte Tahin mit etwas Sesamöl zu einer streichfähigen Paste verrühren. Tahin ist sehr fetthaltig. Im Kühlschrank ist es einige Wochen haltbar.

Kräutertahin

5 EL Tahin
4 EL Wasser
1 EL Zitronensaft
1 Knoblauchzehe
schwarzer Pfeffer
Meersalz
1 Prise getrockneter Thymian
frische Kräuter nach Geschmack, klein gehackt

Tahin, Wasser und Zitronensaft zu einem glatten Brei rühren. Die Knoblauchzehe schälen und hineinpressen. Mit Pfeffer, Meersalz, Thymian und klein gehackten Kräutern abschmecken.

Pikantes Tahin

5 EL Tahin
2 EL Sojasauce
1 EL Öl
1 EL Sesam
frische Kräuter nach Geschmack

Das Tahin mit der Sojasauce und dem Öl zu einem glatten Brei verrühren. Den Sesam in einer trockenen Pfanne rösten, die Kräuter fein schneiden. Alle Zutaten miteinander vermischen.

Tahin mit Apfelmus

4 EL Tahin
150 ml Apfelmus
Honig nach Geschmack

Das Tahin mit dem Apfelmus verrühren. Nach Bedarf etwas Honig hinzufügen.

- **Tipp:** Tahin mit Apfelmus schmeckt auch sehr lecker als Füllung von Buchweizenpfannkuchen.

Sonnenblumenkernpaste

100 g Sonnenblumenkerne
50 g Butter oder Margarine
1 TL Honig
1 TL Zitronensaft

Die Sonnenblumenkerne in einer trockenen Pfanne goldgelb rösten. Im Mörser zerstoßen. Die Butter oder Margarine weich rühren und mit Sonnenblumenkernen, Honig und Zitronensaft zu einer Paste rühren.

Kürbiskernaufstrich

100 g Kürbiskerne
75 g Butter oder Margarine
4 EL Rosinen
1 TL Zitronensaft

Die Kürbiskerne in einer trockenen Pfanne rösten. Im Mörser zerstoßen. Butter oder Margarine mit den Rosinen im Mixer zu einer geschmeidigen Paste mischen, Kürbiskerne und Zitronensaft unterrühren.

Olivenpaste

1 TL frischer Thymian
5 frische Salbeiblättchen
3 Knoblauchzehen
150 g schwarze Oliven, entsteint
1 Msp Chilipulver
1 EL Kapern
100 ml Olivenöl
1 TL Zitronensaft
Meersalz
schwarzer Pfeffer

Die Kräuter fein schneiden, den Knoblauch schälen und pressen. Kräuter und Knoblauch mit Oliven, Chili und Kapern im Mixer fein pürieren. Das Olivenöl nach und nach dazugeben und untermixen. Mit Zitronensaft, Meersalz und schwarzem Pfeffer abschmecken.

- **Tipp:** Passt gut zu frisch gerösteten Weißbrotscheiben. Wer's nicht ganz so »olivig« mag, nimmt statt Olivenöl ein geschmacksneutrales Speiseöl.

Maronencreme

150 g Maronen
Meersalz
1 l Wasser
50 g Crème fraîche
1 TL Zitronensaft
Kräutersalz
schwarzer Pfeffer
Muskatnuss, gerieben

Die Maronen an den flachen Enden kreuzweise einschneiden und in Salzwasser 35 – 45 Minuten kochen. Das Kochwasser abgießen, die Maronen schälen, auch das dunkle Innenhäutchen entfernen. Die Maronen noch heiß pürieren und abkühlen lassen. Mit Crème fraîche und Zitronensaft zu einer glatten Masse verarbeiten, mit den Gewürzen pikant abschmecken.

Mandel-Karotten-Aufstrich

5 EL Mandeln
1 Karotte
50 g Tofu
1 EL Öl
1 TL Zitronensaft
einige Sellerieblätter, klein geschnitten
Meersalz

Die Mandeln mahlen, die Karotte fein reiben. Den Tofu mit Öl und Zitronensaft im Mixer cremig schlagen. Mandeln und Karottenraspel unterrühren. Mit klein geschnittenen Sellerieblättern und Meersalz würzen.

Petersilien-Mandel-Paste

100 g Mandeln, fein gehackt
1 kleine Schalotte
200 g Frischkäse
4 EL Milch
1 Bund Petersilie
Meersalz
schwarzer Pfeffer

Die Mandeln in einer trockenen Pfanne leicht rösten. Die Schalotte schälen und sehr fein schneiden. Den Frischkäse mit Milch cremig rühren. Die Petersilie waschen, die Blätter von den Stängeln zupfen und sehr fein hacken. Alle Zutaten zu einer Creme verrühren und herzhaft abschmecken.

• **Tipp:** Man kann die Mandeln auch durch Pinienkerne oder Cashewnüsse ersetzen. Schmeckt edel!

Sesam-Sellerie-Aufstrich

5 EL Sesam
5 EL Sonnenblumenkerne
1 kleine Sellerieknolle
1 Zwiebel
2 Knoblauchzehen
frische Petersilie
1 EL Zitronensaft
2 EL Öl
½ TL Sojasauce

Sesam und Sonnenblumenkerne im Mixer zu einer glatten Paste pürieren. Den Sellerie schälen und fein raspeln, die Zwiebel schälen und fein hacken. Knoblauchzehen schälen und pressen, die Petersilie fein hacken. Sellerie, Zwiebel, Knoblauch und Petersilie mit den restlichen Zutaten zu den Kernen in den Mixer geben und glatt rühren.

• **Tipp:** Dieser Aufstrich schmeckt auch sehr lecker als Dip für Rohkoststifte oder als Füllung roher Gemüse.

Süßer Maroniaufstrich

300 g Maronen, gekocht und geschält
2 EL Honig
2 EL Butter
1 EL Zitronensaft
1 – 2 EL süße Sahne

Die Maronen zusammen mit den restlichen Zutaten im Mixer zu einer feinen Creme verarbeiten. Falls die Creme zu fest ist, noch etwas mehr Sahne zufügen.

- **Tipp:** Diese Creme wird in Frankreich traditionell als Brotaufstrich verwendet, aber auch zu vielen Nachspeisen hinzugefügt. Probieren Sie es ruhig einmal aus!

Mohnpaste

100 g Mohn
250 ml Milch
6 EL Mandeln
Honig nach Geschmack
2 EL Rosinen

Den Mohn fein mahlen oder quetschen. Zur Not geht das auch in einem Mörser. Die Milch zum Kochen bringen und den Mohn einrühren. Vom Herd nehmen und 15 – 20 Minuten quellen lassen. Die Hälfte der Mandeln fein mahlen, die andere Hälfte hacken. Zusammen mit Honig und Rosinen unter die Mohnmasse rühren.

Marzipanpaste

100 g Mandeln
100 g Butter oder Margarine
50 g Honig
½ TL Rosenwasser

Die Mandeln kurz in heißem Wasser brühen und die Häute abziehen. In einer Nussmühle möglichst fein mahlen. Die Butter oder Margarine weich rühren, Honig und gemahlene Mandeln untermischen und mit Rosenwasser aromatisieren.

Schoko-Nuss-Creme

100 g Mandeln
2 – 3 EL Öl
1 – 2 EL Honig
1 EL Kakao- oder Carobpulver
1 Msp gemahlene Vanille
1 Prise Zimt

Die Mandeln sehr fein mahlen. Öl, Honig und das Schokopulver mischen. Im Mixer mit den Mandeln zu einer homogenen Masse verarbeiten. Mit Vanille und Zimt abschmecken.

Mandel-Bananen-Creme

4 EL Mandeln
1 Banane
1 TL Zitronensaft
1 EL Honig
1 Prise Meersalz
1 Msp Zimt

Die Mandeln fein mahlen, die Banane schälen. Mandeln im Mixer mit der Banane, dem Zitronensaft und dem Honig pürieren. Mit Meersalz und Zimt abschmecken.

Dieser Aufstrich ist im Kühlschrank nur begrenzt haltbar. Am besten immer frisch anrühren!

Trauben-Nuss-Creme

100 g Mandeln
2 – 3 EL Öl
1 – 2 EL Honig
1 EL Kakao- oder Carobpulver
2 EL Rosinen
1 Msp gemahlene Vanille

Die Mandeln sehr fein mahlen. Öl, Honig und das Schokopulver mischen. Im Mixer mit den Mandeln zu einer homogenen Masse verarbeiten. Die Rosinen etwas klein schneiden und unter die Creme rühren. Mit Vanille abschmecken.

Nussmus

250 g Nüsse (z. B. Mandeln,
    Haselnüsse oder Walnüsse, wer's mag, auch gemischt)
50 ml Öl (eventuell ein entsprechendes Nussöl)
    oder 125 g Butter
1 EL Honig

Die Nüsse in einer trockenen Pfanne rösten, fein mahlen und im Mixer mit den restlichen Zutaten pürieren.

Erdnussmus

100 g Erdnüsse
2 EL Öl (eventuell Erdnussöl)
Kräutersalz

Die Erdnüsse in einer trockenen Pfanne goldgelb rösten. Mit dem Öl und etwas Kräutersalz im Mixer pürieren.
Öl, das sich während des Lagerns oben absetzt, immer wieder einrühren. Sonst wird die Masse zu trocken.

- **Tipp:** Erdnussmus können Sie prima variieren. Geben Sie einfach zu dem Grundrezept
  - 2 TL Curry oder
  - 2 geschälte und gepresste Knoblauchzehen oder
  - 1 TL Sojasauce oder
  - als süße Variante 1 EL Honig und kein Salz.

Erdnussmus-Spirale

100 g Erdnüsse
2 EL Öl (eventuell Erdnussöl)
2 TL Honig
150 g Dörrpflaumen
Wasser
1 TL Honig

Die Erdnüsse in einer trockenen Pfanne goldgelb rösten. Mit etwas Öl im Mixer portionsweise pürieren. Das Mus mit Honig abschmecken. Die Dörrpflaumen über Nacht in Wasser einweichen. Im Mixer pürieren und mit Honig süßen. Immer abwechselnd eine Schicht Erdnussmus und eine Schicht Pflaumenmus in ein Glas schichten. Mit einem dünnen Holzstäbchen vorsichtig in eine Richtung rühren, damit sich die Schichten etwas vermischen und eine Art Spiralmuster entsteht.

- **Tipp:** Das Spiralmuster wirkt durch den Farbkontrast von Erdnussmus und dem Püree aus Dörrpflaumen. Man kann so ein Muster natürlich auch mit verschiedenfarbigen Marmeladen oder anderen Aufstrichen machen. Wichtig ist dabei, dass die Aufstriche geschmacklich harmonieren. Außerdem sollte die Konsistenz nicht zu dünnflüssig sein.

Aufstriche mit Hülsenfrüchten

Grundrezept Hülsenfrüchteaufstrich

100 g Hülsenfrüchte (z. B. Erbsen,
*   braune Bohnen, Linsen, Feuerbohnen)*
1 EL getrocknete oder frische Kräuter,
*   fein geschnitten*
1 kleine Zwiebel
eventuell 1 EL Öl
1 Knoblauchzehe
1 EL Tahin oder Öl
eventuell etwas Kochflüssigkeit
Meersalz, schwarzer Pfeffer

Die Hülsenfrüchte über Nacht in der doppelten Menge Wasser
einweichen (Linsen müssen nicht unbedingt eingeweicht werden, bei roten Linsen kann das Einweichen ganz wegfallen).
Einweichwasser abgießen und die Hülsenfrüchte in einem Sieb
unter fließendem Wasser abspülen.

Mit der anderthalbfachen Menge Wasser zum Kochen bringen und weich kochen. Wird ein Dampfdrucktopf benutzt, kann
das Einweichen eventuell entfallen, und auch die Kochzeiten
verringern sich dabei erheblich. Getrocknete Kräuter können
direkt ins Kochwasser gegeben und mitgekocht werden. Frische Kräuter sehr fein schneiden und erst nach dem Kochen zu
den Hülsenfrüchten geben. Salz erst nach dem Kochen hinzufügen, sonst würde sich die Garzeit noch einmal verlängern
(Kochzeiten für einzelne Sorten siehe nebenstehende Tabelle).

Überschüssiges Kochwasser gegebenenfalls abschütten und
die gekochten Hülsenfrüchte durch ein Sieb passieren.

Die Zwiebel schälen, klein schneiden und nach Belieben in etwas Öl sautieren. Den Knoblauch schälen und pressen. Zwiebel, Knoblauch und eventuell frische Kräuter zu dem Püree geben. Tahin oder Öl unterrühren. Wenn das Püree noch nicht streichfähig genug ist, mit etwas Kochflüssigkeit verdünnen. Mit Salz und Pfeffer abschmecken.

- **Tipp:** Variieren Sie mit Hefeflocken, Zitronensaft, Apfelessig, Gemüse, verschiedenen Kräuter und Gewürzen.

Sorte	Kochzeit in Minuten	Kochzeit mit Dampfdrucktopf
Braune Bohnen	60	15
Schwarze Bohnen	90 – 120	20
Weiße Bohnen	90	20
Feuerbohnen	60	15
Mungbohnen	45 – 60	15
Adukibohnen	60	15
Sojabohnen	180 – 240	60
Grüne Erbsen	90	15
Kichererbsen	120 – 180	60
Linsen	45 – 60	10
Rote Linsen	30	5

Alle Hülsenfrüchte sollten vor dem Kochen mindestens über Nacht und höchstens 24 Stunden lang eingeweicht werden (danach beginnt der Keimprozess). Beim Kochen mit dem Dampfdrucktopf kann das Einweichen eventuell auch entfallen; der Garprozess dauert dann natürlich etwas länger.

Hummous

100 g Kichererbsen
1 Lorbeerblatt
2 – 3 Knoblauchzehen
200 g Tofu
100 ml Zitronensaft
1 TL Meersalz
2 EL Tahin
Chilipulver

Die Kichererbsen über Nacht mit der doppelten Menge Wasser einweichen. Kichererbsen am nächsten Tag zusammen mit dem Lorbeerblatt im Einweichwasser weich kochen.

Den Knoblauch schälen und pressen. Alle Zutaten im Mixer pürieren. Einige Stunden im Kühlschrank durchziehen lassen. Eventuell noch einmal nachwürzen.

• **Tipp:** Hummous schmeckt nicht nur als Brotaufstrich, sondern auch als Dip zu frischem Gemüse.

Bohnenpüree

100 g braune Bohnen
Bohnenkraut
1 kleine Zwiebel
2 Knoblauchzehen
1 EL Öl zum Braten
1 EL Petersilie, gehackt
1 EL Öl zum Unterrühren
Meersalz
schwarzer Pfeffer

Die Bohnen über Nacht in Wasser einweichen. Die Bohnen abgießen, unter fließendem Wasser abspülen und mit der anderthalbfachen Menge Wasser und etwas Bohnenkraut weich kochen. Abkühlen lassen.

Die Bohnen durch ein Sieb passieren. Die Zwiebel schälen und fein schneiden, die Knoblauchzehen schälen und pressen und beides kurz in Öl sautieren. Mit dem Bohnenpüree und der gehackten Petersilie mischen. Damit das Püree streichfähiger wird, Öl unterrühren. Mit Salz und Pfeffer würzen.

Bohnenpüree Luise

100 g Feuerbohnen
Eigelb von 2 hart gekochten Eiern
2 EL Joghurt
Muskatnuss, gerieben
schwarzer Pfeffer
Meersalz

Die Feuerbohnen über Nacht in der doppelten Menge Wasser einweichen. Die Bohnen abgießen, unter fließendem Wasser abspülen und mit der anderthalbfachen Menge Wasser weich kochen. Sie sollten sich leicht zerdrücken lassen.

Die Bohnen durch ein Sieb passieren. Das Eigelb mit einer Gabel zerdrücken. Bohnen, Eigelb und Joghurt im Mixer glatt pürieren. Mit Muskatnuss, Pfeffer und Meersalz abschmecken.

Püree aus roten Linsen

100 g rote Linsen
Bohnenkraut
1 kleine Peperonischote
Knoblauch nach Belieben
½ TL Basilikum, fein geschnitten
¼ TL Oregano, fein geschnitten
¼ TL Thymian, fein geschnitten
2 EL Tomatenmark
Meersalz
Chilipulver

Die Linsen unter fließendem Wasser abspülen und mit der anderthalbfachen Menge Wasser und etwas Bohnenkraut weich kochen. Abkühlen lassen.

Die Peperonischote fein hacken, nach Belieben Knoblauch schälen und pressen. Linsen, Peperoni, Knoblauch, Kräuter und Tomatenmark im Mixer zu einer cremigen Paste verarbeiten. Mit Salz und Chilipulver abschmecken.

Linsenpaste mit Oliven

100 g Linsen
100 g schwarze Oliven
3 EL Olivenöl
1 Zwiebel
1 EL Öl
2 Knoblauchzehen
Kräuter der Provence
Kräutersalz

Die Linsen über Nacht in der doppelten Menge Wasser einweichen. Die Linsen abgießen, unter fließendem Wasser gut abspülen und mit der anderthalbfachen Menge Wasser weich kochen. Abkühlen lassen.

Die Oliven entsteinen und zusammen mit den Linsen und dem Olivenöl pürieren. Die Zwiebel schälen, sehr fein hacken, in etwas Öl sautieren und zur Paste geben. Knoblauch schälen und pressen. Paste mit Knoblauch, Kräutern der Provence und Kräutersalz abschmecken.

Im Kühlschrank einige Stunden durchziehen lassen.

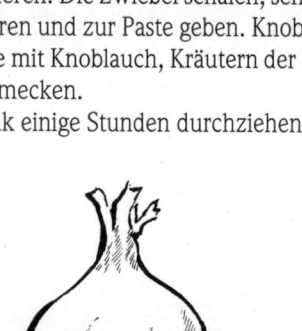

Indischer Linsenaufstrich

100 g rote Linsen
Bohnenkraut
1 TL Kurkuma
1 TL Kreuzkümmel (Kumin), ganz oder gemahlen
1 TL Koriander, gemahlen
1 Prise Chilipulver
Meersalz
1 EL Öl

Die Linsen unter fließendem Wasser abspülen und mit der anderthalbfachen Menge Wasser und etwas Bohnenkraut weich kochen. Abkühlen lassen.

Die Gewürze in einem Schälchen mischen und zusammen mit den gekochten Linsen und dem Öl im Mixer zu einer feinen Paste pürieren.

Soja-Kräuter-Paste

100 g Sojabohnen
2 Knoblauchzehen
1 EL Dill, fein geschnitten
einige Blätter frisches Basilikum, fein geschnitten
1 TL Bohnenkraut, fein geschnitten
2 EL Sojasauce
1 EL Öl
1 TL Miso
Curry
Paprikapulver nach Geschmack

Die Sojabohnen über Nacht in der doppelten Menge Wasser einweichen. Das Einweichwasser weggießen. Die Bohnen unter fließendem Wasser abspülen und mit der anderthalbfachen Menge Wasser weich kochen. Sie sollten sich leicht zerdrücken lassen.

Die Knoblauchzehen schälen und pressen. Alle Zutaten im Mixer zu einer cremigen Paste pürieren.

Soja-Maroni-Paste

100 g Sojabohnen
200 g Maronen
1 EL Sojasauce
2 – 3 EL Öl
etwas Wasser oder Sojamilch
Kräutersalz

Die Sojabohnen über Nacht in der doppelten Menge Wasser einweichen. Das Einweichwasser weggießen. Die Bohnen unter fließendem Wasser abspülen und mit der anderthalbfachen Menge Wasser weich kochen. Sie sollten sich leicht zerdrücken lassen.

Die Maronen an den flachen Seiten kreuzweise einschneiden, im Backofen bei 150 °C (Ober- und Unterhitze oder Umluft) 30 – 45 Minuten backen, schälen und die dünnen braunen Häute entfernen. Die gekochten Sojabohnen mit den Maronen und den restlichen Zutaten im Mixer zu einer feinen Paste pürieren. Mit Kräutersalz abschmecken.

Sojannaise

250 ml Sojamilch
200 ml Sojaöl
1 EL Essig
1 TL Kräutersalz
¼ TL Honig
1 kleine gekochte Kartoffel, geschält und klein geschnitten

Die Sojamilch mit der Hälfte des Öls im Mixer bei hoher Geschwindigkeit 1 Minute mixen. Das restliche Öl langsam dazugießen, während der Mixer weiterläuft. Die restlichen Zutaten ebenfalls unterrühren. Die Sojannaise mindestens eine Stunde kalt stellen. Sie steift dadurch noch wesentlich nach.

Sojannaise als Brotaufstrich ist besonders lecker, wenn sie noch mit Gemüse- oder Obstscheiben kombiniert wird.

- **Tipp:** Sojannaise lässt sich besonders einfach einfärben. Damit lassen sich tolle optische Effekte erzielen. Beispielsweise kann man unterschiedlich gefärbte Sojannaise in Schichten in ein Glas füllen. Zum Einfärben eignen sich Curry, Paprikapulver, Kurkuma, Karotten, Rote Bete, Avocado und Gurke.

Senfpaste

100 g Sojabohnen
frischer Thymian
2 EL Sojasauce
1 EL Öl
1 EL Senf
etwas Zitronensaft
Meersalz

Die Sojabohnen über Nacht in der doppelten Menge Wasser einweichen. Das Einweichwasser weggießen. Die Bohnen unter fließendem Wasser abspülen und mit der anderthalbfachen Menge Wasser weich kochen. Sie sollten sich leicht zerdrücken lassen.

Den Thymian fein hacken. Alle Zutaten im Mixer zu einer cremigen Paste verrühren.

Aufstriche mit Tofu

Grundrezept Tofu

500 g Sojabohnen
2 l kaltes Einweichwasser
4 l Kochwasser
etwa 15 g Nigari
125 ml heißes Wasser

Die Sojabohnen im kalten Wasser etwa zwölf Stunden einweichen. Das Einweichwasser abgießen, die Bohnen unter fließendem Wasser spülen, abtropfen lassen. Die Sojabohnen mit etwas Wasser im Mixer zu einer feinen, körnigen Paste pürieren. Wasser zum Kochen der Bohnenpaste in einem großen Topf zum Kochen bringen. Die Sojabohnenpaste hineinrühren und unter Rühren eine Viertelstunde kochen lassen. Vorsicht, die Masse schäumt leicht über!

Ein Sieb mit einem Mulltuch auslegen, das Sieb über ein großes Gefäß hängen. Den gesamten Topfinhalt in das Sieb schöpfen, vorsichtig rühren. Das Tuch zusammendrehen und kräftig auspressen. Heraus fließt Sojamilch. Der Pressrückstand, die Sojakleie (Okara), kann getrocknet werden und ist wie Paniermehl einsetzbar.

Die Sojamilch auf etwa 70 °C abkühlen. Das Nigari im heißen Wasser auflösen. Ein Drittel davon in die Sojamilch einrühren. Fünf Minuten ruhen lassen. Das nächste Drittel vorsichtig einrühren, wieder ruhen lassen, dann den Rest einrühren. Nach etwa einer Viertelstunde hat sich eine gelblich klare Flüssigkeit gebildet, in der flockige »Klumpen« herumschwimmen.

Ein Sieb mit einem Mulltuch auslegen und die Masse hineingießen; die Molke läuft nun ab. Sie kann aufgefangen werden und wird genau wie »Kuhmilch-Molke« verwandt. Die Masse im Tuch pressen, sodass möglichst viel Molke austreten kann. Damit der Tofu fester wird, das Tuch noch eine Viertelstunde lang mit Gewichten von zwei bis vier Kilo beschweren. Den fertigen Tofu entweder sofort weiterverarbeiten oder mit Wasser bedeckt im Kühlschrank aufbewahren. Wird das Wasser täglich gewechselt, ist Tofu etwa zehn Tage lang haltbar. Aus 500 g Sojabohnen erhält man etwa 800 g oder mehr Tofu.

Tofu ist fast universell einsetzbar. Da er relativ geschmacksneutral ist, eignet er sich sowohl für süße als auch für pikante Gerichte. In Würfel geschnitten kann man ihn marinieren, braten und räuchern, er lässt sich zu Cremes, Füllungen und Aufstrichen verarbeiten. Tofu lässt sich übrigens problemlos als Quarkersatz verwenden.

Aus Sojamilch lässt sich auch eine Art Joghurt herstellen. Dazu 1 l frische Sojamilch (etwa 40 °C) mit Joghurtkulturen »impfen« und sechs Stunden bei etwa 35 °C säuern lassen. Einige Esslöffel Sojaghurt dienen das nächste Mal als »Starter«.

- **Tipp:** Das Gerinnungsmittel Nigari kann auch selbst gemacht werden. 1 kg Meersalz mit 1 Tasse Wasser in einen Leinensack geben und frei aufhängen. Die abtropfende Flüssigkeit ist Nigari. Essig oder Zitronensaft können auch als Gerinnungsmittel genommen werden. Allerdings ist dann die Ausbeute an Tofu nicht so groß.

Natürlich kann man Tofu auch kaufen. Die Auswahl ist groß – vom einfachen Tofu über Kräutertofu bis hin zu geräuchertem Tofu. Probieren Sie einfach mal die verschiedenen Sorten durch und finden Sie heraus, was Ihnen wozu am besten schmeckt.

Tofupaste

250 g Tofu
1 EL Miso
1 EL Hefeflocken
1 EL Öl
1 Knoblauchzehe
1 EL Kräuter der Provence
1 EL Sojasauce
1 TL Senf

Den Tofu zerkrümeln. Im Mixer mit Miso, Hefeflocken und Öl fein pürieren. Die Knoblauchzehe schälen, pressen und zusammen mit den anderen Würzzutaten zur Tofupaste geben und abschmecken.

Grüner Tofu

200 g Tofu
1 EL Öl
1 TL Zitronensaft
1 TL Kräutersalz
je 1 EL Sauerampfer, Zitronenmelisse, Dill,
*   Petersilie, Schnittlauch und Kresse, fein gehackt*

Den Tofu zerkrümeln. Mit Öl, Zitronensaft und Kräutersalz zu einer glatten Paste rühren. Die fein gehackten Kräuter unter den Tofu rühren.

Champignontofu

50 g Champignons
1 kleine Zwiebel
1 Knoblauchzehe
2 EL Öl
200 g Tofu
1 TL Kräutersalz

Die Champignons putzen, die Zwiebel schälen und fein hacken, die Knoblauchzehe schälen und pressen. In Öl andünsten, vom Herd nehmen und etwas abkühlen lassen. Den Tofu zerkrümeln, mit Kräutersalz würzen. Die Champignonmasse dazugeben und gut unterrühren.

Tofuaufstrich pikant

200 g Tofu
1 EL Miso
1 EL Wasser
2 Knoblauchzehen
1 EL Hefeflocken
2 EL Öl
1 EL Thymian, fein gehackt
1 TL Bohnenkraut, fein gehackt
1 EL Kräuter der Provence
1 TL Senf

Den Tofu zerkrümeln, das Miso mit Wasser anrühren, die Knoblauchzehen schälen und pressen. Alle Zutaten im Mixer zu einer glatten Masse verarbeiten.

Tofu-Tomaten-Paste

200 g Tofu
4 EL Tomatenmark
1 kleine Zwiebel
1 – 2 Knoblauchzehen
3 EL Öl
schwarzer Pfeffer
Meersalz
frischer oder getrockneter Oregano, fein gehackt
frisches Basilikum, fein geschnitten

Den Tofu zerkrümeln und das Tomatenmark dazugeben. Die Zwiebel schälen und fein hacken, Knoblauch schälen und pressen und beides in dem Öl kurz andünsten. Zu dem Tofu geben und mit einer Gabel zu einer Paste verarbeiten. Mit Pfeffer, Salz und Kräutern abschmecken.

- **Tipp:** Wenn's mal fix gehen soll, kann man diesen Aufstrich auch aufwärmen. Zusammen mit Vollkornspaghetti oder als »Belag« für eine Vollkornpizza lässt sich damit eine schnelle Mahlzeit zubereiten.

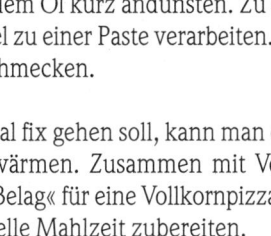

Tofumayonnaise

200 g Tofu
4 EL Öl
1 EL Zitronensaft
1 TL Meersalz
Honig oder Sojamilch nach Belieben

Den Tofu zerkrümeln. Mit den anderen Zutaten im Mixer cremig schlagen. Nach Belieben noch etwas Honig oder Sojamilch hinzufügen.

- **Tipp:** Tofumayonnaise ist natürlich nicht nur ein leckerer Brotaufstrich. Man kann damit auch köstliche Salate anmachen, und natürlich schmeckt sie auch zu Pommes. Wichtig zu wissen für alle, die Kinder haben. Vor allem dann, wenn diese mit Nahrungsmittelunverträglichkeiten leben müssen.

Oliven-Walnuss-Tofu

200 g Tofu
1 EL Öl
1 TL Honig
½ TL Miso
100 g Oliven, entsteint
1 EL Zitronensaft
50 g Walnüsse

Den Tofu zerkrümeln. Im Mixer mit Öl, Honig, Miso, Oliven und Zitronensaft pürieren. Die Walnüsse in einer trockenen Pfanne goldgelb rösten, grob hacken und unter die Paste rühren.

Tofu-Avocado-Paste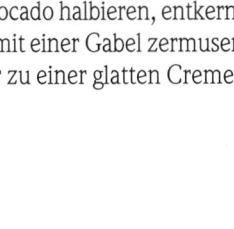

200 g Tofu
1 reife Avocado
1 TL Miso
1 TL Öl
1 EL Zitronensaft

Tofu zerkrümeln. Die Avocado halbieren, entkernen, das Fruchtfleisch herauslösen und mit einer Gabel zermusen. Mit den restlichen Zutaten im Mixer zu einer glatten Creme verarbeiten.

Tofu-Bananen-Aufstrich

200 g Tofu
1 Banane
1 TL Zitronensaft
2 EL Erdnussmus
1 EL Honig
1 Msp Curry

Den Tofu zerkrümeln, die Banane schälen. Beides im Mixer mit Zitronensaft, Erdnussmus und Honig pürieren. Mit Curry abschmecken.

• **Tipp:** Passt besonders gut zu Roggenbrot!

Tofu-Schoko-Aufstrich

200 g Tofu
2 EL Kakao- oder Carobpulver
1 EL Honig
1 Prise Meersalz
½ TL gemahlene Vanille

Den Tofu grob zerkrümeln. Das Kakao- oder Carobpulver mit Honig anrühren. Alle Zutaten im Mixer zu einer cremigen Paste mixen.

- **Tipp:** Durch Zugabe von 1 – 2 EL Öl wird der Aufstrich noch cremiger!

Tofu-Erdbeer-Aufstrich

200 g Tofu
200 g Erdbeeren
1 EL Honig
1 TL Zitronensaft
1 Msp gemahlene Vanille
½ TL Zimt

Den Tofu grob zerkrümeln. Die Erdbeeren putzen, waschen und halbieren. Tofu und Honig dazugeben und zu einer glatten Creme verarbeiten. Mit Zitronensaft und den Gewürzen abschmecken.

• **Tipp:** Tofu-Erdbeer-Aufstrich eignet sich gut als Füllung für Vollkornbiskuitrollen!

Tofu-Dattel-Paste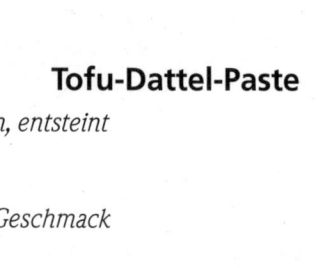

100 g Datteln, entsteint
200 g Tofu
2 EL Öl
Honig nach Geschmack

Die Datteln gerade mit Wasser bedecken und über Nacht einweichen. Den Tofu zerkrümeln. Tofu, Datteln und Öl im Mixer zu einer cremigen Paste pürieren. Mit Honig abschmecken.

Goldener Tofu

200 g Tofu
1 kleine Karotte
2 EL Rosinen
1 EL Nüsse
2 EL Öl
1 EL Honig
1 TL Zitronensaft

Den Tofu zerkrümeln. Die Karotte sehr fein reiben, die Rosinen und die Nüsse sehr fein hacken. Mit dem Tofu und dem Öl zu einer glatten Paste verarbeiten. Honig und Zitronensaft nach Geschmack dazugeben.

Aufstriche mit Gemüse

Karottencreme

250 g Karotten
Saft einer halben Zitrone
200 g Frischkäse
1 EL Sesam
frischer Thymian, fein gehackt
Meersalz
schwarzer Pfeffer

Die Karotten kochen, abkühlen lassen und auf der Rohkostreibe fein reiben. Mit den übrigen Zutaten mischen und abschmecken.

Vor dem Verzehr eine halbe Stunde ziehen lassen.

- **Tipp:** Die Karotten können auch durch andere gekochte Gemüse (z. B. Pastinaken, Wurzelpetersilie, Sellerie oder Rote Bete) ersetzt werden.

Frühstücksbelag

1 große Karotte
einige Blumenkohlröschen
1 Kartoffel
4 Champignons
1 hart gekochtes Ei
50 g Hirseflocken
1 Zwiebel
2 Knoblauchzehen
Meersalz
schwarzer Pfeffer

Zum Garnieren:
Petersilie, gehackt
Olivenscheiben

Die Gemüse und Pilze weich kochen, klein schneiden und in der Küchenmaschine zusammen mit dem Ei zu einer geschmeidigen Gemüsecreme verarbeiten. Nach und nach die Hirseflocken dazugeben. Darauf achten, dass die Hirseflocken aufquellen und die Flüssigkeit ziemlich schnell binden. Zwiebel schälen und hacken, Knoblauch schälen und pressen, den Frühstücksbelag damit vermischen und mit Salz und Pfeffer abschmecken. Mit gehackter Petersilie und Olivenscheiben garniert servieren.

Der Aufstrich hält sich drei bis vier Tage im Kühlschrank.

Tomaten-Paprika-Aufstrich 🌾🌾

1 Tomate
1 gelbe Paprikaschote
1 Zwiebel
etwa 4 EL Sonnenblumenkerne
etwas Öl zum Braten
1 TL Honig
3 EL Tomatenmark
1 EL Öl
1 Msp Kreuzkümmel (Kumin), gemahlen
Meersalz
schwarzer Pfeffer

Die Tomate kurz in kochendes Wasser tauchen und sofort kalt abschrecken. Nun kann die Haut leicht abgezogen werden. Die Tomate entkernen und das Fruchtfleisch in kleine Würfel schneiden. Die Paprika ebenfalls in kleine Würfel schneiden. Die Zwiebel schälen und fein hacken. Zwiebel und Sonnenblumenkerne in einer Pfanne mit etwas Öl und dem Honig anrösten, bis alles leicht bräunlich karamellisiert ist. Zusammen mit Paprika und Tomate, dem Tomatenmark und dem Öl im Mixer oder mit dem Pürierstab zu einer Paste verarbeiten. Solange zerkleinern, bis eine streichfähige Masse entstanden ist. Mit Kreuzkümmel, Salz und Pfeffer abschmecken. Im Kühlschrank eine Stunde ruhen lassen. Sollte die Paste danach noch zu flüssig sein, noch etwas Tomatenmark unterrühren.

Kohlrabicreme

500 g Kohlrabi
2 EL Zitronensaft
200 g Crème fraîche
1 kleine Zwiebel
2 EL frische Kräuter, fein gehackt
Kräutersalz

Kohlrabi putzen und schälen, in kleine Stückchen schneiden und in wenig Wasser etwa 20 Minuten garen. Das Kochwasser abgießen (z. B. als Suppengrundlage weiterverwenden) und den Kohlrabi pürieren. Zitronensaft und Crème fraîche unterrühren. Die Zwiebel schälen, sehr fein würfeln und ebenfalls untermischen. Mit frischen Kräutern und Kräutersalz abschmecken. Gut gekühlt servieren.

- **Tipp:** Kohlrabicreme schmeckt auch sehr gut als Gemüsebeilage.

Avocadocreme

2 reife Avocados
1 Schalotte
1 Knoblauchzehe
1 TL Zitronensaft
Meersalz
schwarzer Pfeffer
frische Kräuter nach Geschmack, gehackt

Die Avocados halbieren, die Kerne entfernen und das Fruchtfleisch herauslösen. Schalotte schälen und sehr fein hacken, den Knoblauch schälen und pressen. Fruchtfleisch, Schalottenwürfel und Knoblauch mit einer Gabel zu einer möglichst glatten Creme zerdrücken. Mit Zitronensaft, Gewürzen und gehackten Kräutern abschmecken.

- **Tipp:** Bewahren Sie einen Avocadokern auf und legen Sie ihn in die fertige Creme. Zusammen mit dem Zitronensaft verhindert dies, dass die Creme zu rasch braun wird.

Avocado-Frischkäse-Creme

1 reife Avocado
200 g Frischkäse
1 – 2 EL Milch
Zitronensaft
Meersalz
schwarzer Pfeffer

Die Avocado halbieren, den Kern entfernen und das Fruchtfleisch herauslösen.

Mit einer Gabel etwas zermusen und mit dem Frischkäse und der Milch zu einer glatten Creme verrühren. Mit Zitronensaft, Salz und Pfeffer abschmecken.

Avocado-Frischkäse-Creme ist schnell zubereitet. Wem das aber immer noch zu aufwendig ist, bestreicht einfach ein frisches Brötchen mit Avocadofruchtfleisch und würzt mit etwas Kräutersalz. Einfach und köstlich!

• **Tipp:** Ein Aufstrich, der sich durch seine hellgrüne Farbe auch gut für ein kaltes Büffet eignet. Auch als Dip zu Crackern oder Rohkost sehr lecker.

Auberginencreme

2 Auberginen
Öl
200 g Frischkäse
2 EL Milch
2 Knoblauchzehen
Zitronensaft
Meersalz
schwarzer Pfeffer

Die Auberginen halbieren, die Schnittstellen mit Öl bestreichen und im vorgeheizten Backofen bei 200 °C (Ober- und Unterhitze oder Umluft) 45 – 60 Minuten backen. Das weiche Fruchtfleisch mit einem Löffel herauskratzen. Zusammen mit dem Frischkäse und der Milch im Mixer pürieren. Knoblauch schälen und pressen. Creme mit Zitronensaft, Knoblauch und den Gewürzen kräftig abschmecken. Vorsicht: Der Knoblauch entfaltet seine Wirkung erst so richtig, wenn die Creme einige Zeit durchgezogen ist. Lieber noch mal nachwürzen!

• **Tipp:** Wenn Sie statt des Frischkäses Joghurt nehmen, erhalten Sie eine etwas flüssigere Sauce. Lecker zum Dippen oder als Sauce zu herzhaften Gerichten griechischer oder türkischer Art.

Paprikasch

4 Paprikaschoten
2 Knoblauchzehen
100 g Crème fraîche
Zitronensaft
Meersalz
schwarzer Pfeffer

Die Paprikaschoten waschen, trockentupfen und im vorgeheizten Backofen bei 200 °C (Ober- und Unterhitze oder Umluft) so lange backen, bis die Haut blasig wird. Die Schoten herausnehmen und sofort in kaltem Wasser abschrecken. Die Häute abziehen, Kerne und Stängelansätze entfernen. Knoblauch schälen und pressen. Das Paprikafruchtfleisch im Mixer mit Crème fraîche, Knoblauch und Zitronensaft pürieren. Mit Meersalz und Pfeffer abschmecken.

Im Kühlschrank gut eine Stunde durchziehen lassen. Gegebenenfalls noch mal nachwürzen.

- **Tipp:** Die Crème fraîche kann durch 50 g Tofu und 2 EL Öl ersetzt werden.

Mojo picon

2 rote Paprikaschoten
1 Chilischote
3 Knoblauchzehen
3 – 4 Scheiben Weißbrot
½ TL Kreuzkümmel (Kumin), ganz oder gemahlen
1 TL Meersalz
3 EL Olivenöl
1 EL Balsamico-Essig

Die Paprikaschoten putzen und in Stücke schneiden. Die Chilischote längs halbieren, die Kerne sorgfältig entfernen und die
Schote fein würfeln. Den Knoblauch schälen und fein würfeln.
Das Brot entrinden. Alle Zutaten im Mixer oder mit dem Pürierstab zu einer sämigen Paste verarbeiten. Wenn die Paste zu
dünnflüssig ist, noch etwas Brot mitpürieren.

- **Tipp:** Die Sauce schmeckt auch gut zu kleinen neuen Kartoffeln, im Backofen gegart. Mit einem frischen Salat
ein tolles Sommeressen!

Mojo verde

½ Bund Koriandergrün
½ Bund Petersilie
4 Knoblauchzehen
200 ml Olivenöl
4 EL Essig
½ TL Meersalz
½ TL schwarzer Pfeffer
Paniermehl oder geriebener Parmesan

Die Kräuter waschen, die Blätter von den Stängeln zupfen und fein hacken. Den Knoblauch schälen und ebenfalls fein hacken. Kräuter und Knoblauch mit dem Olivenöl, Essig, Salz und Pfeffer im Mixer oder mit dem Pürierstab pürieren. Sollte die Paste zu dünnflüssig sein, noch so viel Paniermehl oder Parmesan dazugeben, bis die Paste die gewünschte Konsistenz erreicht hat. Mindestens eine Stunde durchziehen lassen.

Zum Aufbewahren Mojo verde in Gläser füllen, mit etwas Öl bedecken und kühl lagern. So hält sich die Paste mindestens zwei Wochen.

Pesto

1 Bund Basilikum
100 g Pinienkerne
100 g Parmesan oder Pecorino
2 Knoblauchzehen
5 EL Olivenöl
Meersalz
schwarzer Pfeffer

Das Basilikum fein hacken, die Pinienkerne in einer trockenen Pfanne kurz bräunen und ebenfalls fein hacken. Den Käse fein reiben. Knoblauch schälen und pressen. Im Mixer oder mit einem Mörser Basilikum und Pinienkerne möglichst fein zerkleinern. Olivenöl, Käse und Knoblauch zugeben. Mit Meersalz und Pfeffer abschmecken. Einige Stunden durchziehen lassen.

- **Tipp:** Wenn Sie das Pesto länger aufbewahren wollen, füllen Sie es in ein Glas und bedecken es mit 1 EL Öl.

Rotes Pesto

150 g getrocknete Tomaten in Öl
1 rote Zwiebel
1 Bund Basilikum
2 TL Balsamico-Essig
6 EL Olivenöl
Meersalz
schwarzer Pfeffer

Die Tomaten klein schneiden, die Zwiebel schälen und fein hacken. Das Basilikum fein wiegen. Alle Zutaten im Mixer zu einer feinen Paste pürieren.

- **Tipp:** Rotes Pesto kann ebenso wie sein grüner Verwandter gut im Kühlschrank gelagert werden. In einem Glas mit einer Schicht Öl bedeckt aufbewahren. Probieren Sie Rotes Pesto auch einmal zu Nudeln!

Tomatenpaste

1 hart gekochtes Ei
2 Knoblauchzehen
5 EL Tomatenmark
1 EL Olivenöl
2 EL Hefeflocken
Kräutersalz
frischer oder getrockneter Oregano, klein geschnitten

Das Ei schälen, klein schneiden, den Knoblauch schälen und pressen. Beides mit den übrigen Zutaten im Mixer zu einer glatten Paste pürieren.

• **Tipp:** Mit etwas Wasser oder Sahne »verdünnt« und heiß gemacht, kann die Tomatenpaste auch als schnelle Sauce zu Vollkornnudeln oder Reis gegessen werden.

Pomodoro

1 kleine Zwiebel
2 Knoblauchzehen
1 TL Öl
5 Tomaten
frischer Oregano
Meersalz
schwarzer Pfeffer

Die Zwiebel schälen und fein schneiden, die Knoblauchzehen schälen und fein hacken. Das Öl erhitzen und die Zwiebel darin andünsten, den Knoblauch hinzufügen und kurz mitdünsten, aber nicht zu dunkel werden lassen. Die Tomaten kurz in kochendes Wasser tauchen, mit kaltem Wasser abschrecken und häuten. In Stücke schneiden und zu den Zwiebeln geben. Bei mittlerer Hitze köcheln lassen, bis die meiste Flüssigkeit verdampft und eine sämige Masse entstanden ist. Den Oregano klein schneiden und unterrühren, mit Meersalz und schwarzem Pfeffer abschmecken.

- **Tipp:** Wenn Sie einen Garten haben und eine größere Menge Tomaten auf einmal verarbeiten müssen, können Sie gleich eine größere Menge Pomodoro herstellen. Heiß in Twist-Off-Gläser füllen und sofort verschließen. So hält es sich mindestens ein halbes Jahr lang. Pomodoro schmeckt auch gut als schnelle Nudelsauce, als Grundaufstrich für eine Pizza, als Ausgangsprodukt für Tomatensuppe und vieles andere.
  Wenn Sie es gerne scharf mögen, kochen Sie eine Chilischote mit oder würzen Sie mit Tabasco.

Festliche Gemüseterrine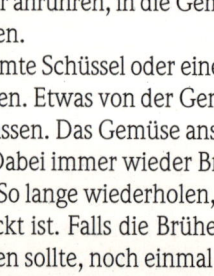

500 g junges Gemüse (z. B. Partytomaten,
Zuckererbsen, kleine Maiskolben, Karotten, Perlzwiebeln)
1 l Gemüsebrühe
1 EL Essig
3 – 4 TL Agar-Agar
schwarzer Pfeffer
Kräutersalz
frische Kräuter (z. B. Basilikum, Oregano, Dill)
1 Knoblauchzehe
Kräutersalz

Das Gemüse waschen, verlesen und, falls nötig, etwas zerkleinern. In der heißen Gemüsebrühe kurz blanchieren. Die Stücke sollen gerade noch Biss haben. Mit einem Schaumlöffel herausfischen und abtropfen lassen.

Die Gemüsebrühe mit Essig ansäuern. Das Agar-Agar mit etwas kaltem Wasser anrühren, in die Gemüsebrühe geben und kurz aufwallen lassen.

Eine schön geformte Schüssel oder eine Auflaufform mit kaltem Wasser ausspülen. Etwas von der Gemüsebrühe hineingießen und erstarren lassen. Das Gemüse ansprechend auf diesem Spiegel anordnen. Dabei immer wieder Brühe nachgießen und fest werden lassen. So lange wiederholen, bis das ganze Gemüse vollständig bedeckt ist. Falls die Brühe in der Zwischenzeit zu dickflüssig werden sollte, noch einmal kurz aufwärmen.

Die Terrine im Kühlschrank einige Stunden auskühlen lassen. Man kann sie direkt in der Form in Scheiben schneiden oder auf eine Platte gestürzt servieren. Dazu kurz heißes Wasser über die Form gießen, da sich das Aspik so schneller löst.

Macht sich gut auf einem kalten Büfett oder zu einem Brunch.

Tomatenaspik

1 Fleischtomate
500 ml Tomatensaft
1 Knoblauchzehe
Sojasauce
frisches Basilikum, fein gehackt
frischer Oregano, fein gehackt
schwarzer Pfeffer
Kräutersalz
3 – 4 TL Agar-Agar
Zitronensaft

Die Tomate in kleine Stückchen schneiden. Zusammen mit dem Tomatensaft zum Kochen bringen. Knoblauch schälen und pressen. Tomaten mit Sojasauce, Knoblauch, frischen Kräutern, Pfeffer und Kräutersalz pikant abschmecken. Das Agar-Agar mit Zitronensaft anrühren und kurz mitkochen lassen.

Eine kleine Auflaufform mit kaltem Wasser ausspülen, die Tomatensauce hineingeben und erkalten lassen. Einige Stunden im Kühlschrank fest werden lassen.

Das Aspik in Scheiben geschnitten aufs Brot legen. Passt besonders gut zu Roggenbrot mit Frischkäse.

• **Tipp:** Tomatenaspik ist auch lecker als kleine Vorspeise oder bei einem kalten Büfett!

Eiersalat-Brotaufstrich

3 Eier
2 kleine Gewürzgurken
2 – 3 EL Schnittlauch, klein geschnitten
2 EL Mayonnaise
3 TL Senf
Tabasco
Meersalz
schwarzer Pfeffer

Die Eier hart kochen, abschrecken, etwas abkühlen lassen und schälen. Die geschälten Eier hacken und mit einer Gabel gut zerdrücken. Die Gurken in kleine Stückchen schneiden. Eier, Gurken und Schnittlauch mit Mayonnaise und Senf verrühren und mit den Gewürzen pikant abschmecken.

Sandwichmus

1 gekochtes Ei
1 Bund Schnittlauch
1 kleine Karotte
4 EL Crème fraîche
300 g kalter Kartoffelbrei
Kräutersalz

Ei und Schnittlauch fein hacken, Karotte fein reiben. Mit der Crème fraîche unter den Kartoffelbrei rühren und mit Kräutersalz abschmecken.

- **Tipp:** Kalter Kartoffelbrei ist eine wunderbare Basis für Brotaufstriche. Ob Sie ihn lediglich mit Kräutersalz würzen, mit Röstzwiebeln bestreuen oder raffiniert verfeinern – jede dieser Arten der Resteverwertung ist lecker!

Kartoffel-Oliven-Aufstrich

1 kleine Zwiebel
2 Knoblauchzehen
Öl
50 g schwarze Oliven, entsteint
300 g kalter Kartoffelbrei
2 EL Pesto (ersatzweise frisches Basilikum)
Meersalz
schwarzer Pfeffer

Die Zwiebel schälen und fein hacken, die Knoblauchzehe schälen und pressen. In heißem Öl goldgelb andünsten. Die Oliven sehr fein hacken. Alle Zutaten miteinander mischen und mit Meersalz und schwarzem Pfeffer abschmecken.

- **Tipp:** Statt Pesto können Sie ersatzweise Basilikumblättchen oder notfalls auch Petersilie mit etwas Salz und Olivenöl im Mörser fein zermusen.

Apfel-Kartoffel-Mus

300 g kalter Kartoffelbrei
3 EL Apfelmus (ersatzweise frischer Apfel, fein gerieben)
1 Zwiebel
½ Paprikaschote
1 Bund Petersilie
Gomasio (siehe Seite 17)

Kartoffelbrei und Apfelmus mischen. Zwiebel schälen. Paprika, Zwiebel und Petersilie klein schneiden und unterheben. Mit Gomasio abschmecken.

Aufstriche mit Getreide

Buchweizen-Paprika-Aufstrich

100 g Buchweizen
1 kleine Zwiebel
Öl
250 ml Gemüsebrühe
1 rote Paprikaschote
1 TL Paprikapulver, edelsüß
Meersalz
100 g Butter

Den Buchweizen fein schroten, die Zwiebel schälen und fein hacken. Die Zwiebel in etwas Öl andünsten, den Buchweizenschrot unterrühren, bis er vollständig mit Öl überzogen ist. Die Gemüsebrühe angießen, zum Kochen bringen und bei abgeschalteter Platte etwa 15 Minuten ausquellen lassen. In der Zwischenzeit die Paprikaschote waschen, die Kerne entfernen und die Schote in sehr kleine Würfel schneiden. Alle Zutaten miteinander mischen.

• **Tipp:** Behalten Sie ein paar Paprikastückchen zum Garnieren zurück.

Weizen-Gemüse-Creme

150 g Weizen
1 Zwiebel
1 Knolle Fenchel
1 kleiner Blumenkohl
250 g Champignons
3 EL Öl
Kräutersalz
schwarzer Pfeffer
zerriebener Sesam

Den Weizen einige Stunden einweichen und in reichlich Wasser eine halbe Stunde kochen. Abkühlen lassen. Die Zwiebel schälen. Das Gemüse, die Pilze und die Zwiebel hacken und im Öl kurz andünsten. Ebenfalls abkühlen lassen. Getreide und Gemüse im Mixer zu einer glatten Creme mixen. Mit Kräutersalz, Pfeffer und Sesam abschmecken.

Hält sich im Kühlschrank drei bis vier Tage.

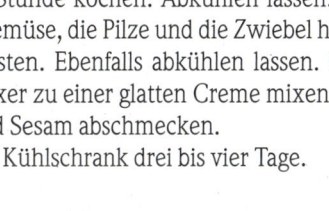

Hirseaufstrich

50 g Hirse
200 ml Wasser
1 TL Gemüsebrühe
1 Zwiebel
100 g Champignons
Öl
1 TL frischer oder getrockneter Majoran, fein gehackt
1 TL frischer oder getrockneter Thymian, fein gehackt
½ TL Kräutersalz
75 g weiche Butter oder Margarine

Die Hirse mit Wasser und Gemüsebrühe aufkochen und bei kleinster Hitze zugedeckt eine halbe Stunde quellen lassen. Die Zwiebel schälen und fein hacken, Champignons klein schneiden. Beides in etwas Öl glasig dünsten. Zusammen mit der gekochten Hirse, den Gewürzen und der weichen Butter im Mixer zu einer feinen Paste pürieren.

Grünkernpaste

50 g Grünkern
125 ml Wasser
50 g weiche Butter oder Margarine
2 EL Öl
1 Zwiebel
etwas Zitronensaft
1 Msp Senf
Muskatnuss, gerieben
schwarzer Pfeffer
Kräutersalz
frischer oder getrockneter Majoran, klein gehackt
frische Petersilie, klein gehackt

Den Grünkern grob schroten und zwei Stunden im Wasser einweichen. Mit der weichen Butter und dem Öl im Mixer pürieren. Die Zwiebel schälen und fein hacken, mit ganz wenig Butter leicht andünsten und unterrühren. Mit den Gewürzen und den klein gehackten Kräutern kräftig abschmecken.

Grüner Dinkelaufstrich

1 kleine Zwiebel
50 g Butter oder Margarine
100 g Dinkel
250 ml Wasser
1 Bund frische Kräuter
1 Knoblauchzehe
Meersalz

Die Zwiebel schälen und fein hacken. Die Butter erhitzen und die Zwiebel darin andünsten. Den Dinkel fein schroten und ebenfalls unter Rühren kurz mitdünsten. Das Wasser hinzufügen und zum Kochen bringen. Vom Feuer nehmen und noch etwa 10 Minuten ausquellen lassen. Die Kräuter fein schneiden und unter den Brei ziehen. Die Knoblauchzehe schälen, pressen und ebenfalls dazugeben. Mit Meersalz abschmecken.

Haferpaste

100 g Hafer
1 EL Butter oder Öl
250 ml Wasser
2 – 3 EL Öl
Meersalz

Den Hafer fein schroten. Fett erhitzen und den Schrot darin dünsten, bis er zu duften beginnt. Das Wasser hinzufügen und alles unter Rühren zum Kochen bringen. Vom Feuer nehmen und noch etwa 10 Minuten ausquellen lassen. Das Öl in einem feinen Strahl hineingießen und mit dem Brei glatt rühren. Mit Meersalz abschmecken.

Hafer-Mohn-Creme

100 g Hafer
1 EL Butter oder Öl
3 EL Mohn, gemahlen
250 ml Milch
2 – 3 EL Öl
1 TL Honig
Zitronensaft

Den Hafer sehr fein schroten. Fett erhitzen und den Schrot darin dünsten, bis er zu duften beginnt. Den gemahlenen Mohn und die Milch hinzufügen und alles unter Rühren zum Kochen bringen. Vom Feuer nehmen und noch etwa 10 Minuten ausquellen lassen. Das Öl in einem feinen Strahl hineingießen und zu einer glatten Creme rühren. Honig unterziehen und mit Zitronensaft abschmecken.

Dinkel-Marzipan-Aufstrich

50 g Dinkel
125 ml Wasser
50 g Mandeln
2 EL Honig
einige Tropfen Rosenwasser
(aus dem Naturkostladen oder der Apotheke)
1 EL Öl

Den Dinkel fein schroten. Das Wasser zum Kochen bringen und den Dinkelschrot hineinrühren. Vom Feuer nehmen und etwa 10 Minuten ausquellen lassen. Die Mandeln fein reiben und mit dem Honig, dem Rosenwasser und dem Öl unter den Brei ziehen.

Indischer Grünkernaufstrich 🌾🌾

50 g Grünkern
150 ml Wasser
1 TL Kurkuma
1 TL Kreuzkümmel (Kumin), ganz oder gemahlen
1 TL Koriander, gemahlen
1 Prise Chilipulver
1 Prise Meersalz
2 – 3 EL Sojamehl
50 ml Öl

Den Grünkern fein mahlen und mit dem Wasser glatt rühren. In 15 Minuten bei kleinster Hitze zu einem dicken Brei köcheln lassen. Achtung: Gut rühren, der Brei hängt leicht an. Die Gewürze in einem Schälchen mischen. Zusammen mit dem Sojamehl und dem Öl unter den Grünkernbrei ziehen.

- **Tipp:** Dieser Aufstrich hält sich gut gekühlt etwa eine Woche. Sollte sich etwas Öl absetzen, einfach nochmals gut durchrühren!

Hafer-Pilz-Aufstrich

1 EL getrocknete Pilze
100 g Hafer
1 EL Butter oder Öl
250 ml Wasser
2 – 3 EL Öl
frische Petersilie
Meersalz
schwarzer Pfeffer
Zitronensaft

Die Pilze mit Wasser bedeckt einweichen lassen. Den Hafer fein schroten. Butter oder Öl erhitzen und den Schrot darin dünsten, bis er zu duften beginnt. Das Wasser hinzufügen und alles unter Rühren zum Kochen bringen. Vom Feuer nehmen und noch etwa 10 Minuten ausquellen lassen. Das Öl in einem feinen Strahl hineingießen und mit dem Brei glatt rühren. Pilze und die Petersilie fein hacken und beides unter den Aufstrich rühren. Mit Meersalz, schwarzem Pfeffer und Zitronensaft abschmecken.

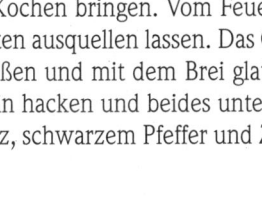

Bulgurmix

100 g Bulgur
100 g Zwiebeln
2 – 3 Knoblauchzehen
200 g Kartoffeln
100 g Pastinaken
100 g Porree
2 EL eingeweichte Algen
2 EL Crème fraîche
Kräutersalz
schwarzer Pfeffer

Den Bulgur in der doppelten Menge Wasser etwa 10 Minuten kochen. In ein Sieb geben und abkühlen lassen. Die Zwiebel schälen und fein würfeln. Knoblauch schälen und pressen. Die Gemüse garen, abkühlen lassen und klein schneiden. Die Algen fein hacken. Alle Zutaten vermischen und mit den Gewürzen abschmecken. Eine halbe Stunde ziehen lassen und gegebenenfalls nachwürzen.

Bulgur-Brokkoli-Pastete

250 g Brokkoli
200 g Linsen
1 kleine Zwiebel
2 EL Öl
1 EL Sojasauce
2 EL Zitronensaft
200 g Bulgur, gekocht
2 Eier

Den Brokkoli putzen, in kleine Stückchen schneiden und in wenig Wasser 10 Minuten dämpfen. Die Linsen einige Stunden einweichen und ebenfalls 10 Minuten garen. Die Zwiebel schälen, fein würfeln und in heißem Öl andünsten. Brokkoli und Linsen mischen, pürieren und zu der Zwiebel geben. Mit Sojasauce und Zitronensaft kräftig abschmecken. Den Bulgur und die Eier untermischen.

Die Masse in eine gefettete Kastenform füllen und im vorgeheizten Backofen bei 180 °C (Ober- und Unterhitze oder Umluft) 30 Minuten backen.

Die Pastete abkühlen lassen und in Scheiben geschnitten als Brotbelag verwenden.

Grünkohl-Gersten-Aufstrich

100 g Grünkohl
100 g Tofu
1 EL Öl
1 EL Tahin
100 g Gerstenflocken
Paprikapulver
Kräutersalz

Den Grünkohl fein hacken, in wenig Wasser garen und abtropfen lassen. Mit Tofu, Öl, Tahin und den Gerstenflocken zu einer geschmeidigen Paste rühren. Mit Paprikapulver und Kräutersalz kräftig abschmecken.

Frühlingsaufstrich

100 g Hafer
250 ml Wasser
2 – 3 EL Öl
2 Hand voll Frühlingskräuter (z. B. Sauerampfer, junge
*   Löwenzahnblättchen, junge Triebe der Brennnessel)*
Meersalz

Den Hafer fein schroten und mit dem Wasser unter Rühren zum Kochen bringen. Vom Feuer nehmen und noch etwa 10 Minuten ausquellen lassen. Das Öl in einem feinen Strahl unterrühren. Die Frühlingskräuter sehr fein wiegen und dazugeben. Mit Meersalz abschmecken.

Hafer-Oliven-Paste

100 g Hafer
1 EL Butter oder Öl
250 ml Wasser
2 – 3 EL Olivenöl
100 g schwarze Oliven

Den Hafer fein schroten. Butter oder Öl erhitzen und den Schrot darin dünsten, bis er zu duften beginnt. Das Wasser hinzufügen und alles unter Rühren zum Kochen bringen. Vom Feuer nehmen und noch etwa 10 Minuten ausquellen lassen. Das Öl in einem feinen Strahl hineingießen und mit dem Brei glatt rühren. Die Oliven entsteinen und im Mörser zerstoßen. Unter den Haferbrei rühren.

Dinkelaufstrich mit schwarzem Pfeffer

1 kleine Zwiebel
50 g Butter
100 g Dinkel
250 ml Wasser
1 – 2 TL schwarze Pfefferkörner
Meersalz

Die Zwiebel schälen und fein hacken. Die Butter erhitzen und die Zwiebel darin andünsten. Den Dinkel fein schroten und ebenfalls unter Rühren kurz mitdünsten. Das Wasser hinzufügen und zum Kochen bringen. Vom Feuer nehmen und noch etwa 10 Minuten ausquellen lassen. Die Pfefferkörner im Mörser grob zerstoßen und unter den Aufstrich rühren. Mit Meersalz abschmecken.

Aufstriche mit Früchten

Grundrezept Rohe Marmelade

1 kg Früchte
300 g Honig
2 EL Agar-Agar
etwas Zitronensaft
200 ml heißes Wasser

Besonders gut eignen sich dazu Erdbeeren, Himbeeren und Brombeeren. Die Früchte dürfen keine Schad- oder Faulstellen aufweisen. Das Obst gründlich verlesen, waschen und gut abtropfen lassen. Mit dem Honig in eine Schüssel geben und mit einem Rührgerät oder im Mixer gründlich durchmischen. Es ist wichtig, dass die Früchte dabei weitgehend zerkleinert und gut mit dem Honig vermischt werden. Nur so kann der Honig seine konservierende Kraft voll entfalten.

Damit die Marmelade die nötige Festigkeit bekommt, wird mit Agar-Agar angedickt. Das Agar-Agar mit etwas Zitronensaft anrühren, eine Tasse heißes Wasser dazugeben und unter Rühren kochen lassen, bis sich das Agar-Agar vollständig aufgelöst hat. Unter den Frucht-Honig-Brei rühren. Die Marmelade in gründlich gereinigte Twist-Off-Gläser füllen und die Marmeladenoberflächen jeweils mit einem mit Alkohol getränkten Blättchen Cellophanpapier abdecken. Einige Stunden nur mit Folie abgedeckt stehen lassen, damit die eingerührte Luft wieder entweichen kann. Danach das Cellophanpapier entfernen und die Gläser fest verschließen. Diese Marmelade hält sich vier bis sechs Monate. Öfter auf Schimmel kontrollieren.

- **Tipp:** Statt Agar-Agar können Sie natürlich auch ein anderes Geliermittel nehmen. Im Handel sind Mischungen aus Pektin und Zitronensäure erhältlich. Benutzen Sie diese Gelierpulver wie auf den Packungsanleitungen beschrieben. Das Agar-Agar sowie der Zitronensaft entfallen dann natürlich aus der Zutatenliste.

Grundrezept
Gekochte Marmelade

1 kg Obst
500 g Honig, Ahornsirup oder Birnendicksaft
2 EL Agar-Agar
Saft einer halben Zitrone

Die Früchte waschen und verlesen. Leicht zermusen und mit dem Süßmittel gemischt über Nacht stehen lassen.

Die Masse zum Kochen bringen, eventuell noch eine Tasse Wasser dazugießen und 5 Minuten wallend kochen lassen. Das Agar-Agar mit Zitronensaft anrühren und unter kräftigem Rühren in die Fruchtmasse einrühren. Vorsicht, dabei können leicht Klumpen entstehen! Kurz mitkochen lassen.

Bei der Verarbeitung von stark pektinhaltigen Früchten wie Äpfeln und Johannisbeeren sollte man weniger oder eventuell auch gar kein Agar-Agar nehmen.

Eine kleine Probe der Marmelade auf einer Untertasse abkühlen lassen. Damit kann man feststellen, ob die Konsistenz richtig ist. Sollte die Marmelade noch zu flüssig sein, noch etwas Agar-Agar anrühren und dazugeben.

Die fertige Marmelade in die vorbereiteten Gläser einfüllen (Gläser heiß ausspülen oder im heißen Backofen sterilisieren). Die Marmelade leicht fest werden lassen, dann die Marmeladenoberflächen jeweils mit einem mit Alkohol getränkten Cellophanpapierblättchen belegen. Die noch heißen Gläser verschließen (Cellophan oder Twist-Off-Deckel), damit sich ein Vakuum bilden kann. Alkoholpapier vorher entfernen.

Diese Marmelade ist etwa ein Jahr haltbar.

Grundrezept Gelee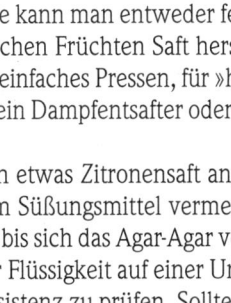

1 l Saft
etwas Zitronensaft
4 EL Agar-Agar
Honig, Ahornsirup oder Birnendicksaft nach Geschmack

Als Grundlage für Gelee kann man entweder fertigen Saft nehmen oder auch aus frischen Früchten Saft herstellen. Bei Beerenobst geht das durch einfaches Pressen, für »härtere« Früchte ist eine Saftzentrifuge, ein Dampfentsafter oder eine Kelter notwendig.

Den Saft mit dem in etwas Zitronensaft angerührten Agar-Agar mischen. Mit dem Süßungsmittel vermengen und unter Rühren kochen lassen, bis sich das Agar-Agar vollständig gelöst hat. Einen Teelöffel der Flüssigkeit auf einer Untertasse abkühlen lassen, um die Konsistenz zu prüfen. Sollte das Gelee noch zu flüssig sein, noch etwas Agar-Agar zufügen. Das Gelee noch heiß in vorbereitete Gläser füllen (Gläser heiß ausspülen oder im heißen Backofen sterilisieren). Das Gelee leicht fest werden lassen, dann die Geleeoberflächen jeweils mit einem mit Alkohol getränkten Cellophanpapierblättchen belegen. Die noch heißen Gläser verschließen (Cellophan oder Twist-Off-Deckel), damit sich ein Vakuum bilden kann. Alkoholpapier vorher entfernen.

Dieses Gelee ist etwa ein Jahr haltbar.

Pflaumenmarmelade

500 g Pflaumen
200 g Honig
¼ TL Koriander, gemahlen
¼ TL Zimt
1 Msp Nelkenpulver
1 Msp Ingwerpulver
1 Msp Kardamom, gemahlen

Pflaumen entsteinen, halbieren, zusammen mit dem Honig in einen Topf geben und 40 Minuten bei schwacher Hitze kochen lassen. Öfter umrühren und nicht zudecken! Die Gewürze erst in den letzten Minuten zugeben und kurz mitkochen lassen.

Die Marmelade noch heiß in Gläser füllen (siehe Seite 148). Diese Marmelade hält sich etwa ein Jahr.

Rohe Erdbeermarmelade

500 g Erdbeeren
150 g Honig
2 EL Agar-Agar
1 EL Zitronensaft
200 ml heißes Wasser

Die Erdbeeren waschen, putzen und zerkleinern. Nur wirklich einwandfreie Früchte verwenden. Zusammen mit dem Honig in eine Rührschüssel geben und mit dem Handrührgerät etwa 10 Minuten kräftig vermischen. Das Agar-Agar mit Zitronensaft anrühren, das heiße Wasser dazurühren. Wenn sich das Agar-Agar vollständig gelöst hat, die Flüssigkeit unter die Erdbeeren mischen. Gut verrühren.

Die rohe Marmelade in sorgfältig gesäuberte Gläser füllen (siehe Seite 146). Kühl aufbewahrt ist sie etwa ein halbes Jahr haltbar.

Grundrezept Obstbutter

Obstbutter wird aus Fruchtfleisch und Birnen-, Apfel- oder Trau-bensaft hergestellt. Dazu wird das zerkleinerte Fruchtfleisch – roh oder gekocht – mit dem Saft so lange gekocht, bis die Masse dick und zähflüssig ist.

Zur Herstellung von Obstbutter benötigt man keine Butter und meist keine weiteren konservierenden Süßungsmittel. Obst-butter ist aber auch nicht mit Marmelade zu vergleichen.

Birnen-Tomaten-Butter

2 kg Birnen
250 g Tomaten
2 l Apfel- oder Birnensaft
1 TL Zimt
1 Prise Muskatnuss, gerieben

Die Birnen schälen und die Kerngehäuse entfernen. Das Frucht-fleisch fein reiben. Die Tomaten in kleine Würfel schneiden. Alle Zutaten in einen Topf geben und unter Rühren langsam einko-chen lassen. Die Birnenbutter ist fertig, wenn eine honigähnli-che Konsistenz erreicht ist.

Die Birnenbutter in einen Steinguttopf füllen und abkühlen lassen, damit sich eine feste obere Schicht bildet. Ein mit Alko-hol getränktes Blättchen Cellophanpapier auf die Oberfläche le-gen. Gut gekühlt aufbewahren.

Apfelbutter

2 kg Äpfel
2 l Apfel- oder Birnensaft
1 TL Zimt
1 Prise Muskatnuss, gerieben
1 Prise Meersalz
Schale einer unbehandelten Zitrone

Die Äpfel grob zerkleinern, die Kerngehäuse entfernen und die Äpfel kurz in etwas Wasser kochen. Den Saft und die übrigen Zutaten dazugeben und die Masse unter ständigem Rühren einkochen lassen. Die Apfelbutter ist fertig, wenn die Konsistenz honigähnlich geworden ist.

Die Apfelbutter in Steinguttöpfe füllen und abkühlen lassen, damit sich eine feste obere Schicht bildet. Mit Alkohol getränkte Blättchen Cellophanpapier auf die Oberflächen legen. Kühl aufbewahren.

Schlehenbutter

1 kg Schlehen
500 ml Wasser
500 g Honig

Die Schlehen mit dem Wasser zum Kochen bringen und köcheln lassen, bis sie weich sind. Durch ein Sieb streichen, mit dem Honig gut vermischen und wieder köcheln lassen, bis eine honigähnliche Konsistenz erreicht ist.

Die Schlehenbutter in einen Steinguttopf füllen und abkühlen lassen, damit sich eine feste obere Schicht bildet. Ein mit Alkohol getränktes Blättchen Cellophanpapier auf die Oberfläche legen. Kühl aufbewahren.

- **Tipp:** Schlehen erst nach dem ersten starken Frost ernten. Erst dann sind sie weich und roh genießbar. Wer mit der Ernte nicht so lange warten will, sollte sie für ein bis zwei Tage in die Tiefkühltruhe stecken.
  Schlehen haben eine entgiftende, Blut und Nieren reinigende Wirkung.

Rhabarber-Erdbeer-Aufstrich

250 g Rhabarber
100 g Vollrohrzucker
500 g Erdbeeren
3 EL Agar-Agar
etwas Zitronensaft
150 g Birnendicksaft

Den Rhabarber waschen, schälen und in kleine Stücke schneiden. Mit dem Zucker bestreuen und einige Zeit ziehen lassen.

Die Erdbeeren waschen, putzen, zerkleinern und zusammen mit dem Rhabarber in einen Topf geben. Das Agar-Agar mit etwas Zitronensaft anrühren und dazugeben. Den Birnendicksaft hinzufügen und alles zum Kochen bringen. Gut 1 Minute durchkochen lassen.

Noch heiß in die Gläser füllen und gut verschließen (siehe Seite 148).

Feigenmarmelade

500 g Feigen
heißes Wasser
2 EL Agar-Agar
etwas Zitronensaft

Die Feigen zerkleinern, in einen Topf geben, mit heißem Wasser bedecken und über Nacht stehen lassen. Am nächsten Tag die Feigen mit dem eventuell vorhandenem restlichen Wasser so lange kochen, bis alle Flüssigkeit verdampft ist. Das Agar-Agar mit etwas Zitronensaft anrühren und dazugeben. Kurz mitkochen lassen.

Die Marmelade noch heiß in Gläser füllen und sofort fest verschließen (siehe Seite 148).

Hagebuttenmarmelade

500 g Hagebutten (ohne Samen)
2 Zitronen
100 ml Wasser
350 g Honig

Die Hagebutten waschen, halbieren und die Kerne entfernen. Die Zitronen auspressen. Hagebutten, Zitronensaft und Wasser zum Kochen bringen und so lange köcheln lassen, bis die Hagebutten fast weich sind. Im Mixer pürieren. Den Honig dazugeben und mindestens eine Viertelstunde gut durchrühren.

Die Marmelade in Gläser füllen. Noch nicht gleich verschließen, damit die eingerührte Luft wieder entweichen kann (siehe Seite 148)!

- **Tipp:** Es ist mühsam, die Hagebutten von den kleinen Samenkörnchen zu befreien. Nehmen Sie deshalb am besten die großen, fleischigen Hagebutten. Ziehen Sie beim Entkernen Handschuhe an, damit Sie vor den feinen Nesselhärchen geschützt sind, die einen starken Juckreiz verursachen. Hagebutten heißen nicht umsonst bei uns im Südhessischen im Volksmund »Kitzelärsch«.

Heidelbeermarmelade

500 g Heidelbeeren
200 g Ahornsirup
½ Vanilleschote
2 EL Agar-Agar
Saft einer halben Zitrone

Die Heidelbeeren waschen und verlesen. Leicht zermusen und mit dem Ahornsirup mischen. Die Vanilleschote mit einem Messer längs aufschlitzen und das Mark herauskratzen. Schote und Mark zu den Heidelbeeren geben.

Die Masse zum Kochen bringen und 5 Minuten wallend kochen lassen. Das Agar-Agar mit Zitronensaft anrühren und unter kräftigem Rühren in die Fruchtmasse einrühren.

Eine kleine Probe der Marmelade auf einer Untertasse abkühlen lassen, um festzustellen, ob die Konsistenz richtig ist. Sollte die Marmelade noch zu flüssig sein, noch etwas Agar-Agar anrühren und dazugeben.

Die fertige Marmelade in die vorbereiteten Gläser einfüllen und noch heiß verschließen (siehe Seite 148).

Karottenmarmelade

500 g Johannisbeeren
500 g Karotten
300 g Honig
2 EL Agar-Agar
Saft einer halben Zitrone

Die Johannisbeeren waschen und von den Stielen zupfen, die Karotten fein raspeln. Beides mit dem Honig mischen und über Nacht stehen lassen.

Die Masse zum Kochen bringen und 5 Minuten wallend kochen lassen. Das Agar-Agar mit Zitronensaft anrühren und unter kräftigem Rühren in die Fruchtmasse einrühren.

Die Marmelade noch heiß in Gläser füllen (siehe Seite 148).

Dörrobstaufstrich

200 g Dörrobst (z. B. Aprikosen,
Pflaumen, Äpfel, Datteln, auch gemischt)
100 g Rosinen
100 g Nüsse
1 Msp Zimt
1 Msp Nelkenpulver
Zitronensaft
1 Prise Meersalz

Das Dörrobst und die Rosinen mischen und mit Wasser bedeckt über Nacht einweichen. Überschüssige Flüssigkeit abgießen (schmeckt sehr lecker!). Das Obst durch den Fleischwolf drehen oder im Mixer gut zerkleinern. Die Nüsse fein mahlen und untermischen. Mit Zimt, Nelkenpulver, Zitronensaft und Meersalz abschmecken.

- **Tipp:** Aus Dörrobst lassen sich ganz unterschiedliche Aufstriche herstellen. Je nach Obstsorte oder -gemisch ergeben sich ganz eigene Geschmacksnuancen. Auch lohnt es sich, mit den Gewürzen zu experimentieren. Ingwer, Kardamom und vor allem alle »weihnachtlichen« Gewürzzutaten passen gut dazu. Statt Nüssen aller Art schmecken auch Kokosflocken oder Sesam lecker.

Pflaumenmus

300 g Dörrpflaumen
Saft einer halben Zitrone
1 Msp Zimt
1 Msp Nelkenpulver

Die Pflaumen mit so viel Wasser begießen, dass sie gerade bedeckt sind. Über Nacht einweichen lassen. Eingeweichte Pflaumen mit den restlichen Zutaten im Mixer pürieren.

- **Tipp:** Bei dem traditionellen Pflaumenmus, bei uns in Hessen Latwerge genannt, werden frische Pflaumen stundenlang gekocht. Oftmals kommt auch ein Schuss Essig dazu. Wer diesen Geschmack mag, rührt einen Teelöffel Essig in das Pflaumenmus.

Orangenmarmelade

1 kg unbehandelte Orangen
300 g Honig oder Ahornsirup
3 EL Agar-Agar
Saft einer Zitrone
1 kleines Stück frische Ingwerwurzel

Die Orangen heiß waschen und abbürsten. Die Schalen so dünn abschälen, dass möglichst nichts Weißes an ihnen haftet. Die Schalen in feine Streifen schneiden und mit dem Süßungsmittel in einen Topf geben. Die Orangen von den weißen Häuten befreien. Das Fruchtfleisch in Stückchen schneiden und ebenfalls in den Topf geben. Die Masse zum Kochen bringen. Das Agar-Agar mit Zitronensaft anrühren und unter kräftigem Rühren dazugeben. Die Ingwerwurzel schälen, fein reiben und die Marmelade damit würzen.

Die Marmelade noch heiß in Gläser füllen und fest verschließen (siehe Seite 148).

Vogelbeermarmelade

1 kg Vogelbeeren (Ebereschenfrüchte)
250 ml Wasser
300 g Honig
2 EL Agar-Agar
Saft einer halben Zitrone

Die Vogelbeeren von den Stielen zupfen, waschen und verlesen. Gut abtropfen lassen. Mit der Hälfte des Wassers im Mixer pürieren. Das restliche Wasser und den Honig dazugeben und alles zum Kochen bringen. Das Agar-Agar mit Zitronensaft anrühren und kurz mitkochen lassen.

Die Marmelade noch heiß in Gläser füllen (siehe Seite 148).

- **Tipp:** Vogelbeeren nicht roh verzehren, da dies Erbrechen und Durchfall verursachen könnte. Gekocht können die Beeren zu Marmelade, Gelee und Fruchtmus verarbeitet werden.

  Vogelbeeren enthalten die bakterien- und entzündungshemmende Parasorbinsäure, Provitamin A und vor allem viel Vitamin C. Sie wurden deshalb im Zweiten Weltkrieg als »Zitrone des Nordens« bezeichnet. Wer mag, kann einen Teil der Vogelbeeren auch durch Äpfel oder Birnen ersetzen.

Limettencreme

4 unbehandelte Limetten
150 g Honig
4 Eier
100 g Butter

Die Limetten heiß abwaschen. Von zwei Früchten die Schalen mit einer feinen Reibe abreiben. Aus allen Früchten den Saft pressen. Honig und Eier miteinander verrühren, bis der Honig sich gelöst hat. Saft und Schalen der Limetten hinzufügen. Im heißen Wasserbad erhitzen und die Butter in kleinen Stückchen dazugeben. So lange im Wasserbad weiterrühren, bis die Masse eine streichfähige Konsistenz hat. Nur Geduld, das kann 15 – 30 Minuten dauern.

- **Tipp:** Limettencreme ist ein traditioneller Brotaufstrich aus England. Im Kühlschrank hält er sich zwei bis drei Wochen.

Zitronen-Minz-Gelee

3 Bund Pfefferminze
300 g Honig
5 unbehandelte Zitronen
750 ml Wasser
2 EL Agar-Agar

Die Pfefferminze waschen, verlesen und klein schneiden. Mit dem Honig mischen.

Die Zitronen heiß waschen und abbürsten. Die Schalen so dünn abschälen, dass möglichst nichts Weißes an ihnen haftet. Die Zitronen auspressen, den Zitronensaft zu dem Honig-Pfefferminz-Gemisch geben. Das Wasser zum Kochen bringen und darübergießen. Umrühren und einige Stunden durchziehen lassen.

Die Zitronenschale in sehr kleine Stückchen schneiden. Zusammen mit dem Gemisch zum Kochen bringen. Das Agar-Agar in etwas Wasser auflösen und kurz mitkochen lassen.

Das Gelee noch heiß in Gläser füllen (siehe Seite 149).

Ingwergelee

1 l Apfelsaft
1 Zimtstange
3 Gewürznelken
etwa 1 cm einer frischen Ingwerwurzel
3 EL Agar-Agar
Saft einer Zitrone
300 g Ahornsirup

Den Apfelsaft mit der Zimtstange und den Nelken zum Kochen bringen. Den Ingwer schälen und sehr fein reiben. Zum Apfelsaft geben. Das Agar-Agar mit dem Zitronensaft anrühren.

Den Topf vom Herd nehmen und Ahornsirup und Agar-Agar einrühren. Noch einmal kurz aufwallen lassen.

Auf einer kleinen Untertasse die Gelierprobe machen. Meist enthält der Apfelsaft so viel Pektin, dass die Zugabe eines weiteren Geliermittels überflüssig ist. Sollte die Konsistenz noch zu flüssig sein, etwas Agar-Agar mit wenig Wasser anrühren und kurz mitkochen lassen.

Das Gelee noch heiß in Gläser füllen (siehe Seite 149).

Die Autorin

Jutta Grimm, Jahrgang 1962, studierte in Trier Haushalts- und Ernährungstechnik. Die Erfahrungen aus ihrem Studium und ihr Interesse an einer gesunden und ökologischen Ernährung brachten sie zum pala-verlag, wo sie unter anderem auch bei den Zeitschriften »Schrot & Korn« und »Biogarten« mitarbeitete. Sie ist Autorin zahlreicher Ernährungsratgeber.

Zur Zeit berät sie Schulträger und Schulen zum Thema »Gesundes Mittagessen an Schulen«.

Von Jutta Grimm sind im pala-verlag außerdem erschienen:

- **Vegetarisch grillen**
- **Vollwert-Naschereien**
- **Vollwert-Muffins**
- **Shiitake und Austernpilze** (mit Nicola Krämer).

Rezeptindex

Andere Bücher von Jutta Grimm

Andere Bücher aus dem pala-verlag

Köstliches aus aller Welt

Heike Kügler-Anger:
Cucina vegana
ISBN: 978-3-89566-247-8

Kerstin Lautenbach-Hsu:
Vegetarisch kochen – chinesisch
ISBN: 978-3-89566-259-1

Lena Brorsson Alminger:
Schwedisch backen
ISBN: 978-3-89566-269-0

Katrin Eppler:
Vegetarisch kochen – türkisch
ISBN: 978-3-89566-271-3

Gesamtverzeichnis bei:
pala-verlag, Postfach 11 11 22, 64226 Darmstadt, www.pala-verlag.de

ISBN: 978-3-89566-248-5
Überarbeitete Neuausgabe 2008
2. Auflage 2010
© 2008: pala-verlag, Rheinstr. 35, 64283 Darmstadt
www.pala-verlag.de
Alle Rechte vorbehalten
Lektorat: Angelika Eckstein
Umschlaggestaltung: Karin Bauer
Illustrationen: Margret Schneevoigt
Druck: fgb • freiburger graphische betriebe
www.fgb.de
Printed in Germany

Dieses Buch ist klimaneutral produziert
und auf Papier aus 100 % Recyclingmaterial gedruckt.   Print O₂ geprüft